剽悍一隻貓——著

一年頂十年

在驟變的時代，用正確的策略，讓自己的成長速度比過去快十倍

目錄

自序　一年頂十年背後的故事　5

Part 1　打基礎

第1章　時間　讓你的時間投資成效卓著　13
第2章　狀態　讓自己內心保持最佳狀態　27
第3章　情商　既取悅自己又不冒犯他人　43
第4章　學霸　加速成為某個領域的高手　59
第5章　讀書　將讀過的書轉化為生產力　73
第6章　寫作　透過寫作讓自己更有優勢　89
第7章　講課　讓你講出去的話充滿價值　105
第8章　達人　靠與達人見面來突破自己　121

Part 2

大升級

第9章 貴人 讓自己擁有超好的貴人運 137

第10章 團隊 打造極具戰鬥力的小團隊 151

第11章 社群 經營有強大凝聚力的社群 167

第12章 銷售 大幅度提升你的銷售能力 183

第13章 品牌 讓你的個人品牌越來越貴 199

第14章 冠軍 運用冠軍策略吸引好機會 213

第15章 賺錢 有效提高自己的賺錢能力 229

第16章 寫書 讓寫書這件事變得更容易 245

Part 3

終極

第17章 終極 升級財富和影響力的心法 261

後記 持續為自己升級 283

自序
一年頂十年背後的故事

二〇一四年八月的一個深夜，我躲在被子裡痛哭。一邊哭，一邊問自己：「我這輩子就這樣了嗎？」

那時候，我只是一名沒沒無聞的中學英語補習班老師，住在月租人民幣一千兩百元的老房子裡，經濟狀況很糟糕。

二〇一四年九月，在銀行卡裡只剩不到人民幣九千多元的情況下，我花了人民幣五千元參加培訓班，開始走出自己的小圈子。

二〇一五年三月，我開始加入各種網路上的學習社群，陸續認識了很多優秀的朋友，看到了很多新的可能。

二〇一五年十一月，存了差不多人民幣十萬元的我開始遍訪名師，探索自己的全新未來。

二〇一五年十二月，我註冊了自己的微信官方帳號——剽悍一隻貓。

二〇一六年五月，我的微信官方帳號有了十萬粉絲，這給了我很大的信心。很快，我離開待了六年的城市，來到了上海。

此後，我一路突飛猛進，不斷升級。截至二〇一九年十二月三十一日：

- 我累計見了數百位各領域的達人。
- 我所有的微信官方帳號共有一百多萬粉絲。
- 我主編的廣播節目「剽悍晨讀」在「喜馬拉雅」平台有三千三百多萬收聽次數。
- 我在「一塊聽聽」有十一萬以上的付費聽眾，在該平台排名第一。
- 我在「果殼」旗下的「飯團」交流平台有十二萬以上的訂閱會員，在該平台排名第一。

- 我在「有講」教育平台有十八萬以上的聽眾，在該平台排名第一。
- 我在「樊登課堂」有十一萬以上的付費聽眾，單場有聲分享銷售額突破百萬人民幣。
- 我轉型成為社群商業策略專家，並被「樊登讀書」聘為首席社群顧問。

我的故事就講到這裡，我們來聊聊你手上的這本書。

由於我這幾年持續「成功」，在財富、影響力等方面實現了「一年頂十年」式的升級，越來越多的讀者朋友希望我寫一本成長方法論書籍，以幫助更多人突破自我。另外，我深知出書對於自己來說，意謂著更多可能性，是必做的事情。

於是，在做了大量的調查研究和梳理工作之後，二〇一九年八月底，我開始寫這本《一年頂十年》。

我先是用一個月左右的時間寫完初稿，然後，在接下來的三個月時間裡，帶領團隊將稿子反覆校對了近三十遍。

交稿的那一刻，我熱淚盈眶。我對自己說「終於搞定了，這本書一定能影響和幫助很多很多人。」

關於這本書，我還想對你說五句話：

1. 這本書是我最近幾年的「學習、實踐、教學」的精華筆記，內容都是實戰性極強的成長方法論。
2. 請務必將它讀完，然後，挑一些方法，結合自身經驗，好好去實踐。
3. 很多人表示，這本書非常適合作為銷售型團隊的培訓教材，它可以有效地幫助團隊成員提升綜合競爭力。
4. 如果你透過實踐本書所述的方法，取得了好成績，請一定要告訴我。我的微博帳號是＠剽悍一隻貓。
5. 如果你覺得這本書特別有用，歡迎將它推薦給你最在乎的人。

寫給能成功的你

讓自己變得更好，
是解決一切問題的關鍵

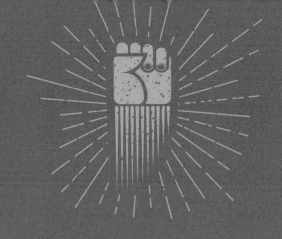

Part 1 打基礎

時間

狀態

情商

學霸

讀書

寫作

講課

達人

第 1 章

時間

讓你的時間投資成效卓著

定義你的時間

時間就是你的命。

一旦你對此堅信不疑，那麼在花時間這件事上，你就會變得非常慎重。

要想日益進步，你必須成為一名合格的「時間投資人」，你需要認真思考，認真選擇，想盡辦法將大部分時間投資到高價值的人事物上。

如果長期堅持這樣的原則，你的時間投資報酬會非常優渥。

如果你是一個對時間花費很不敏感、很不明智的人，你會浪費大量的時間，很難做到持續進步。

從今天開始，你不僅要理財，更要理時間。

認真做好時間投資，而不是隨隨便便就把時間花掉。

記住，時間就是你的命。

記住，你必須成為一名合格的「時間投資人」。

共勉。

為你的時間訂價

最近幾年，我一直在為自己的時間訂價。

從最初的一小時人民幣幾百元，到現在的一小時人民幣三萬元。

這樣做，一方面，可以讓我更重視自己的時間；另一方面，可以幫我「擋人」，避免一些人隨隨便便就來找我。

畢竟，沒什麼門檻的交往，效率往往不高，很難產生價值。

如果有人願意付費來見我，我並不是直接收錢，而是會認真審核，確定對方是合適的人之後，我才會收費並提供超值的服務。

必要的「強勢」能幫你節省更多時間

以前，我是個濫好人，很不好意思拒絕別人的請求，常常參加一些可有可無的聚會，做一些吃力不討好的事。

後來，我事務與日俱增，覺得時間越來越不夠用。

於是，我開始刻意訓練自己的「強勢」。

這種「強勢」，指的是該拒絕時果斷拒絕。

當面對別人的請求時，我會想這件事是不是我該做的。如果不是，我就會第一時間拒絕。

一開始，我會很內疚，會覺得對不起別人。

但拒絕多了之後，我的臉皮厚了許多，也就覺得沒什麼了。

久而久之，大家習慣了我的這種「強勢」，很少有人會隨便來找我。

我因此節省了大量時間，過得比以前從容很多。

找到你的高效時間

每個人都有屬於自己的高效時間。

我們在自己的高效時間裡做事，效率更高，更容易有產出。

以我自己為例，我的工作效率在上午很一般，下午還可以，晚上最高。以前我經常在半夜出去吃宵夜，有時候還會找一群人吃上兩、三個小時。這個習慣很不好，不僅對身體不好，也浪費了大量的高效時間。

最近兩年，我很少這樣做了，而是選擇用晚上的高效時間來做高價值的事。

我的絕大多數文章是在晚上寫出來的，我的很多方案也是在晚上想出來的。我利用晚上的高效時間創造了極大的價值。

看，多明智！

很多人不明白這個道理，常常用自己的高效時間去做一些沒什麼價值的事，真是太可惜了。

如何做到少混日子？

混日子，是一件再容易不過的事。

我們很容易在不知不覺中浪費時間。

只有少數人，能夠較為高效地活著，收穫頗豐。

怎樣才能做到少混日子、多些產出呢？

有一點非常重要，那就是增加你的反省次數。

如果你能在一天之內多反省幾次，就可以及時調整自己的行為和狀態，讓自己迅速改進。

一旦養成了勤反省的習慣，你會活得更認真，進步更快。

當然，一開始你可能很容易會忘記「要反省」這件事，怎麼辦呢？

我提供兩項建議：

1. 你可以在手機上設定幾個鬧鐘，時間一到，手機就會提醒你該反省啦。
2. 你可以做一張「反省圖片」，上面寫著「該反省啦」（內容可以自己定），然後將其設置為手機桌面。

前述建議僅供參考。只要你想做，相信你總能想到適合自己的辦法。

如何擁有更多時間？

每個人的時間都是有限的。
但我們可以想辦法讓自己的時間變多。
最有效的辦法就是付費請人幫我們做事。
我建立團隊，把很多事情交給他們去做，不必事事親力親為。

很多時候，如果我想了解一個陌生的領域，我會儘快找到該領域可信賴的專家，付費給他，向他請教。這樣可以讓我少走很多彎路。

我不會做PPT，但如果需要，我可以花錢請朋友做一套。

我不會開車，但這沒關係，我可以搭計程車出門。以二〇一九年來說，我的計程車里程累計有一萬多公里。在車上，我處理了很多事情，還能好好休息。

……

付費請別人做事，是擁有更多時間的絕佳辦法。

時間更少反而更好

我們經常會給自己定截止時間，但很容易拖到臨近截止時間才開始行動。往往截止時間過了，事情還沒做完。

我曾經當過英語補習班老師，帶過一些自控力比較差的學生。很多時候，我替他們安排作業，如果讓他們一週後再交，他們很可能在截止時間到來前才匆匆寫完作業，有的甚至什麼都沒有寫。但是，如果我告訴他們，下課後認真完成作業才能回家，他們就真的可以在一、兩個小時內把作業寫完，而且作業品質還不錯。

想想真是好笑，給他們一週，不如只給他們一、兩個小時。

事實上，除了少數必須要花很多時間才能做好的事，對於一般的事情，真的沒必要給自己留太多時間，完全可以把截止時間提前，甚至大大提前。

你會發現，原來很多事情推進起來真的可以很快。

願望不在多，在能不能完成

每年元旦，我們都會看到很多人發表新年願望。

有人會寫一份很長的清單，列了很多項目。學寫作、學演講、學游泳、學烘焙、學日語、學畫畫、考駕照、考會計師、考托福、考潛水證照、考ＭＢＡ、讀一百本書、減肥、跑步、練馬甲線……看起來非常有衝勁，非常美好。

可實際上，在一年時間裡，我們真正能做好的事，並沒有多少。

如果我們很貪心，想要同時做很多事，很可能什麼也做不好，什麼也得不到。

但如果我們變得更專注，反而更有可能如願。

我以前是個很貪心的人，總是想著在一年內搞定很多事情，結果卻是一次又一次的失望。

當我認清現實，變得更為專注，發現確實更容易有成績，失望的次數也就少了很多。

如何評估投資的時間？

要想更好地提升自己的時間投資能力，我們應該每天對當日的時間投資進行評估，即回顧並分析當日的時間花費情況，看看哪些是合理花費，哪些是不合理花費。

做這件事，其實就是回答五個問題：

1. 今天都做了什麼？
2. 所做的事情分別有什麼產出？
3. 做這些事情，分別花了多少時間？
4. 哪些事情是應該做的，哪些事情是不應該做的？
5. 在時間花費上，還有哪些方面需要改進？

強烈建議你把這五個問題列印出來，貼在床頭，每天睡前花幾分鐘做一次時間投資評估。

高效運用時間的四個建議

1. 我們每天都有大量的零碎時間，這些時間千萬不能浪費。你要保持警惕，一定要想辦法利用它，不然它很快就溜走了。
2. 做一件事情之前，要問自己一個問題：「我為什麼要做？」長期這樣問自己，你會少做很多不該做的事，從而節省大量時間。
3. 多結交高效能人士，跟他們近距離接觸、交流、學習，這對提升你的時間投資能力很有幫助。
4. 「強者征服今天，懦夫哀嘆昨天，懶漢坐等明天。」這是我非常喜歡的一句話，放在這裡，與你共勉。

有關時間

時間就是你的命

掃描條碼關注微信官方帳號，
輸入中文簡體字「**时间**」，獲取神祕錦囊

【實踐筆記】

第 2 章

狀態

讓自己內心保持最佳狀態

狀態

你是做大事的人

我經常對自己說一句話：「你是做大事的人。」

偷懶的時候，對自己說一句：「你是做大事的人。」

嫉妒的時候，對自己說一句：「你是做大事的人。」

貪心的時候，對自己說一句：「你是做大事的人。」

恐懼的時候，對自己說一句：「你是做大事的人。」

浮躁的時候，對自己說一句：「你是做大事的人。」

自卑的時候，對自己說一句：「你是做大事的人。」

這句話，其實是在提醒我，對自己的期待和要求不能低。同時也是在強化信念，給自己加油鼓勵。如果你認為自己注定是平庸之輩，那麼，你的內心很難強大起來。

如果你想成為強者，你現在就可以向強者靠近，並以強者的標準要求自己，像強者一樣活著。

遠離阻礙你成長的人

我們經常接觸的人，對我們的影響是極大的。該靠近的靠近，該遠離的一定要想辦法遠離。

在此列出四種需要我們遠離的人：

1. 總是打擊你的人。這種人打擊你，往往不是因為你做得不好，而是有其他目的，例如為了讓自己顯得更優越。如果你跟這種人走得很近，你會懷疑人生。
2. 見不得別人好的人。跟這種人做朋友，你若變得更好了，他豈不是會很難受？說不定還會在背後陷害你。
3. 不思進取、混日子的人。他都混日子了，你也要跟著一起混嗎？
4. 過度消耗你的人。他們有事沒事就來消耗你，卻極少幫助你。這種人，簡直就是你成長路上的大敵啊！

讓自己快速重拾力量

狀態不好、情緒不佳時，我會用一些法寶來調整自己。

例如，閱讀能給我帶來力量的書籍。我家裡有三千多本書，不同的書有不同的功能，在我情緒不佳時，我知道該讀什麼書來增強自己內心的力量。

例如，看能給我帶來力量的影片。可能是一些勵志的演講影片，也可能是一些經典的勵志電影，像《阿甘正傳》（*Forrest Gump*）、《刺激一九九五》（*Shawshank Redemption*）。

例如，聽能給我帶來力量的音樂。我手機上的音樂APP裡有專門的提神歌單，戴上耳機聽聽這些音樂，對我來說很有效。

讓目標顯而易見

這幾年，我有一個習慣——在牆上掛字。

這些字，可以用來提醒自己，同時幫助自己調整心態和行為。

剛畢業時，我覺得自己的氣度不夠，容易跟人計較一些不該計較的事。於是，我聯繫了一個同鄉的人，請她幫我找人寫了一幅字，上面寫著「氣度」。

拿到這幅字以後，我把它掛在房間裡非常顯眼的位置，每天要看好多次。它不斷提醒我，要有氣度，不要輕易與人計較。

時間一久，我就真的變得不容易跟人計較了。

二〇一六年五月，我來到上海，手上沒有什麼錢，住在一個六坪多的小房間裡。那時候，我正在努力經營微信官方帳號，為了讓自己更有動力，我在床對面的書架上貼了一張紙，上面寫著「粉絲五十萬」。

每天醒來，我就能看到這個目標。

經過持續的奮戰，四個月後，目標實現了。

隨著影響力日益擴散，我有了一些新的收入，於是，決定改善居住環境。

二〇一六年十月，我搬家了。這次多了一個房間，總面積約十二坪，我終於有獨立的書房了！

為了讓自己能夠保持良好的奮鬥狀態，我在書桌旁的牆上貼了一張紙，這張紙上的內容是日本企業家稻盛和夫的六項精進：

1. 付出不亞於任何人的努力
2. 要謙虛，不要驕傲
3. 要每天反省
4. 活著，就要感謝
5. 積善行、思利他
6. 不要有感性的煩惱

那時候，我每天都會對照著這六項替自己打分數，狀態保持得很不錯。

二〇一七年七月，我搬進了一間約二十七坪的房子，除了能滿足基本的居住需求，還可以好好「安置」我的所有藏書。

後來，隨著事情越來越多，我變得越來越焦慮。於是，我又請一位朋友幫我弄了一幅字，上面寫著「今天」。

用來提醒我自己，不要把時間浪費在焦慮上，要把注意力放在今天。好好過，認真活。

時間一久，我的心態確實好了很多。

獨處能幫我們恢復最佳狀態

很多時候，我們忙於工作，忙於生活，忙於社交，忙於照顧別人，卻唯獨沒有跟自己好好相處。

其實，在我看來，不管多忙，我們都應該為自己預留獨處的時間。

獨處不是什麼都不做，獨處的時候，你需要好好思考，好好反省，好好跟自己對話。

除了每天的例行獨處，我有時還會去郊區住幾天，遠離社交，就自己一個人待著。

獨處，不僅能讓我們更了解自己，讓我們想得更清楚，還能幫我們恢復活力，讓我們有更好的狀態去迎接挑戰。

好好獨處，你將很難迷失自己，你的工作和生活品質也會大大提升。

不要讓自己太閒

很多人不理解，為什麼有些人年紀很大了卻還要管東管西，一點都不嫌累。

很多人不理解，為什麼有些人明明已經很有錢了，卻還要工作，並且非常拚命。

其實，有事做，是人類的基本需求。

不管你是年少還是年老，不管你是有錢還是沒錢，都需要找到事情做。

人如果太閒了，容易胡思亂想，容易頹廢，容易失去鬥志。

我近幾年的不良情緒比以往要少很多，有一個很大的原因就是，日子過得太充實了！

社群分享、提供諮詢、外出學習，這三件事就已經占了我大量的時間，哪裡有什麼時間胡思亂想。

一個人煎熬，不如找朋友聊聊

跟大家分享一個故事吧。

二〇一四年五月，我的狀態非常差，經常失眠，吃飯也沒什麼胃口，對很多事情都提不起興趣，意志很消沉。

某一天，室友看到我的狀態很不好，就勸我出去走走。

我覺得很有道理。

於是，我當天晚上就飛到青海省西寧，第二天到了德令哈。

在這一次臨時決定的旅行中，我一共見了三個好兄弟，他們都是能交心的朋友。

跟這些人暢聊之後，我的心情好了很多，食慾很快就恢復了。

有很多次，都是這些朋友把我從很不好的狀態中拉出來，讓我能夠好好向前邁進。

人都有難受的時候，與其自己一個人煎熬，不如找靠得住的朋友聊幾句，或許，狀態就會很不一樣。

幫助別人能讓自己內心更陽光

有人問，長時間情緒低落，找不到自我價值感怎麼辦？

我說，去做你覺得很有意義的事。

那什麼是有意義的事？

幫助別人，就是很有意義的事。

不要質疑幫助他人的重要性。

一些內心匱乏的人，往往能透過提供別人幫助，讓自己的內心變得更陽光，從而擁有更好的狀態。

我也有這樣的經歷。

剛開始寫官方帳號的時候，我收到了很多粉絲的回饋，不少人說我的文章很受用，能給人很大的力量。這讓我倍感振奮。

後來，越來越多人發感謝的訊息給我，我的自我價值感也因此變得越來越強。

為什麼要好好賺錢？

我特別佩服一位老師，他在面臨很多我覺得特別恐怖的困難時，都能做到特別淡定，而且狀態保持得非常好。

我問他：「老師，你的內心為什麼這麼強大？」他說：「因為我有錢。」

剛聽到這個回答的時候，我還愣了一下，很快，就有了醍醐灌頂之感。

是啊！

某種意義上，錢能幫我們解決很多問題，讓我們活得更有安全感。

寫到這裡，我想起了大學時父親傳給我的一則簡訊。

我很清楚地記得裡面的四個字：「錢是人膽。」

現在想想，確實太有道理了。

缺錢，少的是自信。

缺錢，多的是煩惱。

一分錢難倒英雄漢。如果我們不好好賺錢，很多小事會變成大事，我們也會面臨更多麻煩。

雖然錢不是萬能，但如果有了錢，你就會發現，曾經的很多煩心事，真的不是什麼大事了。

保持最佳狀態的七個建議

1. 多和積極樂觀的人交往，你的幸福指數會提升很多。
2. 至少培養一項愛好，做自己真正熱愛的事，你會感到很快樂。
3. 我發現，唱歌可以有效地釋放壓力，有時候壓力太大，跑到 KTV 裡吼唱幾首歌，心裡會舒服很多。
4. 多讀歷史，多閱讀一些命運比較坎坷的名人傳記，你會發現，自己遇到的很多

「艱難困苦」，真的只是小事。

5. 水要喝夠，覺要睡足，飯要吃好，還要多運動，這是最佳狀態的基礎。

6. 偶爾去醫院走走，你會更加珍惜現在的生活。

7. 請謹慎選擇伴侶，因為他對你的影響實在是太大了。

有關狀態

你是做大事的人

掃描條碼關注微信官方帳號，
輸入中文簡體字「**状态**」，獲取神祕錦囊

【實踐筆記】

第 3 章

情商

既取悦自己又不冒犯他人

不要當一個討好者

討好者，會特別在意別人的感受，總是想辦法討好別人。

剛進大學的時候，我就是這樣，直到有一次，有個關係不錯的同學告訴我，班上某位同學說我過分熱情。

當我聽到這樣的「好評」時，先是不解，然後是鬱悶。

我真心誠意付出，怎麼會變成過分熱情了？

經過認真反思之後，我發現，自己的做法確實有問題。

我迫切想和大家打好關係，於是，很努力地幫助別人。

但我並沒有考慮別人是否需要，也不懂「關係沒到位時別湊太近」的道理。

還好，我「及時悔改」，不再當一個過分熱情的討好者，大大降低了自己的「討好欲」，在絕大多數情況下，能做到「該出手時才出手」。

其實，如果你是用「討」的姿態去對別人好，別人不會覺得你有多好，你也得不到想要的尊重和珍惜，更得不到真正的友誼。

關係，不討，才能真好。

事先告知原則，反而能減少尷尬

我們不僅要給自己建立原則，也要對外建立原則。

之前，由於我沒有養成事先明確告知原則的習慣，與人見面時，遇到過多次不太好的情況。

每次都是在對方「冒犯」我之後，我才指出對方「違規」了，經常讓場面變得非常尷尬。

最近兩年，見陌生人前，我會把自己的原則發給對方。如果對方覺得沒問題，才會約見。

當然，我的原則肯定不會影響對方的利益，只是明確告知我有哪些「見面禁忌」。

由於提前跟別人講清楚了我的原則，一般情況下，大家都聊得很愉快，很少再出現之前的尷尬場面。

生氣，是為了表明你的態度

你可能聽過一句話：「上等人有本事沒脾氣，中等人有本事有脾氣，下等人沒本事有脾氣。」

如果你發脾氣，說不定還會有人用這句話來提醒你，看，上等人是沒脾氣的，所以你不能發脾氣。

胡說。

這是對人要求過高的典型代表。

我們都只是人，怎麼可能不發脾氣，如果一直憋著，不就會把自己憋壞了。

如果你從不發脾氣，不管別人對你怎麼樣，你都客客氣氣，甚至低聲下氣。別人會覺得你很沒原則，會覺得你好欺負。

在我看來，適時發脾氣，是很有好處的。例如，可以讓他人意識到事情的嚴重性。

有一次，團隊裡有個年輕夥伴犯了一個非常嚴重的錯誤，而且態度不佳，我當時非常生氣，當著大家的面大發雷霆，非常明確地指出問題，並強調了我的立場。

自那以後，這位年輕夥伴就再沒有犯過類似的錯，做事比以前穩重多了。

為什麼我們要「訴苦」？

有些人過得不錯，還非常喜歡分享自己的美好生活。跟誰聊天都喜歡講自己過得有多「甜」，有多麼幸福快樂。

有人說，這樣做不是滿好的嗎，傳播正能量。

其實不然。

例如，你跟一群老同學聚會，在場的所有人裡，你是過得最好的，比他們好太多。

幾杯啤酒下肚，你開始大談自己有多成功、有多順利、有多開心。

你想想，大家心裡會是什麼感受？

你是不是覺得大家會為你過得特別好而感到高興？

事實上，絕大多數人做不到。

等待你的，更多的是嫉妒，甚至是恨。

在一些場合，與其講自己人生的各種「甜」，倒不如適當地訴訴「苦」。

這樣做，可以讓大家的內心更平衡一些，避免很多不必要的麻煩。

有苦有甜，有好有壞，有起有伏，人生本就如此。

群發訊息須謹慎

人，都覺得自己是特別的，希望自己能被重視。

在收訊息的時候，也是如此。

例如，你在過年的時候傳祝福訊息給親朋好友。

本來，收到祝福應該是一件令人高興的事，但有些人一看你的祝福是群發的，很可能會覺得，你不夠重視他們。

還有，你向別人求助，一般人就算要拒絕你，也會想想該怎麼拒絕。

但如果你的求助訊息是群發的，有些人可能就會想，反正你找了很多人，我不幫你，也沒什麼。

甚至還有人會想，你既然來「求」我，為什麼不能單獨傳訊息，群發太沒誠意了，你不尊重我，我就不幫你。

總之，傳訊息時，你要想辦法讓對方感到倍受重視，這樣效果才會更好。

真正情商高的人，都在背後誇人

情商高的人，不僅會當面誇人，更會在背後誇人。

因為背後誇人的效果要比當面誇人好太多了。

為什麼？

一方面，你在跟人聊天的時候誇其他人，跟你聊天的人很可能會覺得你是一個善於發現他人優點，並願意為他人宣傳好口碑的人。

當然有些情況應該避免，例如你在伴侶面前誇前任有多好，那你就等著被罵吧。

另一方面，你在背後誇人，如果被誇的人知道了，往往會特別高興，對你好感倍增。

無法守口如瓶，會讓人不敢與你交心

守口如瓶，是一種美德。

如果人們知道你是個不能守口如瓶的人，他們會防著你。

如果你被人防著，你怎麼可能跟別人建立好關係？

我分享兩個故事。

有個朋友，一開始跟我關係還不錯。我們經常聊天，每次見面都能聊很久。但後來我發現，他喜歡和人「分享」我跟他說的話，甚至包括我覺得屬於隱私級別的內容。

後來，我每次跟他說話都會很小心，再也不敢像以前那樣「敞開心扉」了。慢慢地，我們聯繫越來越少，關係也淡了很多。

還有一個朋友，他跟我很熟，有時候，有些人會從他那裡打聽一些關於我的消息，如果涉及隱私，他會建議對方直接去找本人問。

不僅如此，如果有人說我壞話，他還會直接告訴別人「貓不是這種人」。

就是這麼俐落乾脆。（笑）

不該說的堅決不說，而且還會維護我的名聲。

這樣的朋友，真是難得！

道理不能直接講

以前，為了改變別人的想法，我總喜歡反駁，然後不斷講道理。

但是，我發現這樣做效果並不好，很容易將對話變成「辯論賽」，到最後誰也說服不了誰。

要想說服別人，前提是要讓人願意聽你講。如果你讓別人感覺到你在反駁他，對方很容易有抵觸心理，很難愉快地跟你聊天。

還有，直接講道理的效果，遠不如用故事講道理。

你可以跟對方說，你想要跟他分享一個故事。這個故事本身就蘊含了你想要講的道理。等故事講完了，也許他就明白你要講什麼了。

要讓別人有「賺到了」的感覺

如果你總是讓別人賺到，那你賺的也不會少。

試想，你若是經常讓人有吃虧的感覺，你再怎麼會說話，再怎麼使用各種所謂的高情商技巧，也沒幾個人願意跟你做朋友。

但要是你讓別人感覺賺到了，甚至是賺大了，哪怕你不善言辭，情商不是很高，別人也會願意跟你打交道。

我認識一位朋友，平時不說場面話，但他總會用行動支援別人，讓別人得到好處。

所以，一旦他需要幫助，就會有很多人提供支援給他，他的影響力也因此越來越大。

人都是趨利避害的，你能利他，他就靠近你，如果你不能利他，甚至是害他（讓人虧就是一種害），他會避開你。

擁有高情商的七個建議

1. 如果你實力很強，對別人很有價值，就算你情商不是很高，也照樣會賓客盈門。
2. 把話說得漂亮，不算厲害，如果還能把事情做得漂亮，那才是真的厲害。
3. 情商高的人，不僅能讓別人舒服，還能讓自己舒服。很多人會忽略後面這一點，這是很不合理的。
4. 情商高的人，有一個重要特徵——他們容易獲得別人的信任，並能長期維繫這份信任。
5. 你不可能讓所有人喜歡，如果你不認同，那你會活得特別累。要知道，就算是錢，也有人罵它是萬惡之源。

6. 多接觸一些情商高的人，感受他們的一言一行，你會學到很多。

7. 如果自己做錯了，最好的方式是及時道歉，彌補損失。道歉並不丟人，有錯不認才丟人。

有關情商

情商高的人，
不僅會當面誇人，
更會在背後誇人。

掃描條碼關注微信官方帳號，
輸入中文簡體字「**情商**」，獲取神祕錦囊

【實踐筆記】

【實踐筆記】

第 4 章

學霸

加速成為某個領域的高手

別當一個盲目的行動者

觀念影響行為，行為影響結果。

觀念若是不對，你很難會有好的學習效果。

我們要想在某個領域成為專家，首先要做好觀念建設。

什麼意思呢？

就是要讓自己的腦袋裡多一些該領域的正確觀念，這樣你才能更有效地行動。

很多人容易忽視這一點，一開始就盲目地死讀書，導致不斷走彎路，不斷受挫。

很多人信奉「行動第一」，覺得只要做了，總比沒做好。

但別忘了，觀念建設也是行動，而且是最重要的行動之一。如果你要進入一個新的領域，請務必記住這一點。

切莫當一個盲目的行動者。

需求是學習的動力

需求是最好的老師。

這句話對我影響很大。

以前，我學過不少東西，但大都以失敗告終，有的甚至開始沒多久就放棄了。

其實大部分情況下，我都沒有考慮過自己到底有沒有這方面的需求，需求是否強烈。覺得自己想學，就去學了，然後很容易就無疾而終。

但如果我對所學的東西有強烈的需求，效果就不一樣了。

例如，我當中學英語補習班老師的時候，為了把課講好，我反覆觀看中學英語名師的講課影片，學習他們是如何講課的。另外，我還專門花了很長的時間去學演講。

由於我學的東西，都是我需要的，而且很快就能用於工作中，所以我的教學能力有顯著的進步。

不用等準備好了才開始

有些人學東西，會等自己都準備好了後，才去實戰。

其實，這樣容易導致一個結果——效率太低。

有了一定的基礎（再次強調，「觀念建設」很重要），應該儘早去實戰，這樣的話，你會更清楚實際的需求，並能及時調整學習策略，從而加速提升自己的實戰能力。

例如，很多人學英語，背了很多單詞，累積了許多句式，持續多年後，某天突然遇到外國人，一對話就卡住了，發現聊天還是很困難。

而有些人稍微累積了一點詞彙，掌握了一些基本句式，就開始找機會去用，不斷去跟外國人對話，就算一開始有障礙、聊得很卡，但由於進入了真實的對話環境，有了真實的回饋，只要堅持幾個月，英語對話能力就會有明顯提升。

儘早進入實戰，並不是急於求成，而是讓自己在行動中得到回饋，讓自己學得更好，更能解決實際問題。

掏空自己，保持學習的欲望

我這幾年進步很快，這歸功於一個習慣。

那就是及時掏空自己。

什麼意思呢？

我透過學習和實踐，讓大腦不斷增加新的知識，例如一些好用的方法、點子。我不會把它們「束之高閣」，而是會儘快把它們「派上用場」。

我一年要寫上百篇文章，要舉辦上百場分享會。由於經常把自己「掏空」，我會持續處於「饑渴」狀態，學習的欲望非常強烈，學習的效果就會好很多。

學習他人的經驗，讓自己少走彎路

我們進入一個新的領域，如果只靠自己摸索，很可能事倍功半，甚至會舉步維艱。新手對知識和資訊往往沒有什麼判斷力，如果只是自己在網路上搜尋，效率是非常低的，而且容易被誤導。

有時候，單靠自己土法煉鋼，反而會讓事情變得更複雜，要是找到對的人，買他們的經驗，事情則會變得簡單很多。

千萬不要只是埋頭苦學。買經驗，是必須做的事，如此一來可以少走很多彎路，加速自己的進步。

學習應重質不重量

對於愛學習的人來說，報名課程是一件很正常的事。

我個人傾向報名貴一點的課。

為什麼呢？

1. 貴的課，課程品質往往會更高，而且，由於付了更多的錢，我對課程會更加重視。
2. 在貴的課程裡，我更容易遇到高品質的老師和同學。學習的過程中，結交優秀的人，也是非常重要的。
3. 在貴的課程裡，我還可以仔細研究別人的課為什麼能賣這麼貴，學習別人的經營方式。

有些人會報名很多便宜的課程，看起來十分進取，學習量也很大，但效果未必好。

因為學習，是提升自己的頭腦和社交圈，如果對學習漫不經心，不追求品質，怎麼對得起自己。

犯錯，是成長的過程

在學習的過程中，我們會犯很多錯誤。如何面對這些錯誤，是很多人心中的困惑。關於這一點，我向大家分享五個心得：

1. 在成長的路上，犯錯是不可避免的，如果你追求的是不犯錯，那麼，你就沒有辦法學好。
2. 你要告訴自己，問題就是機會，你應該做的不是因錯誤而消沉、不是因錯誤而停滯不前，而是分析錯誤，並從中學到經驗。

3. 如果因為犯錯而被批評、被鄙視，你就當是有人在催促你成功，切忌因此產生太多負能量，阻礙了自己前進的腳步。

4. 如果犯錯了，請記住，錯了就是錯了，你要做的不是糾結和狡辯，而是想辦法去彌補過失，並讓自己變得更強，成為真正的高手。

5. 有一個好的導師或教練很重要，他能幫你發現錯誤、糾正錯誤，給你有效的建議。

集中訓練，加速突破

我們不僅要經常學習，偶爾還要為自己進行集中突破的訓練，這樣可以讓自己突破得更快。

怎麼做呢？

我分享我的做法：

一段時間內，密集見某個領域的專家，不斷探討某些議題。

一段時間內，只讀某個領域的書，提煉出對自己特別有用的內容。

一段時間內，反覆研究某個內容，不斷挖掘出其中的價值。

一段時間內，每天都會做同一件事，專門訓練自己在某方面的能力。

例如，我在當英語補習班老師的時候，為了提升自己的口語和聽力，買了一本英文書，裡面的每一篇文章都附有錄音檔，所有音檔加起來總共長達近三小時。那時我要求自己每天至少聽一遍，有時還會跟讀，而且，我會刻意讓自己不看書裡的文章。聽了三十多遍後，我竟然完全聽懂了，我的發音也有很大的改善。

自此以後，我講課更有自信了。另外，我還有一個很大的收穫，那就是自己的耐心比以前更好了，如果遇到好的有聲課，我能夠反覆聽很多遍。

把書讀透，讓自己更具說服力

人類歷史發展至今，各行各業的人分別寫了很多書籍，為這個世界創造了非常寶貴的智慧財富。

在你的專業領域，一定有非常經典、非常值得讀的書籍。你要反覆去咀嚼這些書，並反覆在現實中應用。

如此一來，可以讓你在寫文章、講課、幫客戶解決問題的時候，有理可循，更有說服力。

很多厲害的專家就是這麼做的，他們熟讀某些經典，對內容的引用和應用都非常熟練。

站在巨人的肩膀上創新，比單靠自己摸索，更有效率、更有優勢。

學有所成的六個建議

1. 可以給自己定一個截止時間，琢磨出一個代表作，這能讓你更有效地學習。
2. 社交圈很重要，活在高手堆裡，你很難成為低手。
3. 別人的經驗是別人的，你可以學習，但不要奉為圭臬，一定要結合自身經驗。
4. 少學免費的，多學付費的。
5. 重複的力量是極大的，對於好的內容，一定要重複學，反覆鑽研。
6. 條件允許的情況下，一定要請高水準的教練。

有關學霸

需求是最好的老師

掃描條碼關注微信官方帳號，
輸入中文簡體字「**学霸**」，獲取神祕錦囊

【實踐筆記】

第 5 章

讀書

將讀過的書轉化為生產力

讀書，是終身成長的基石

截至目前，我擁有三千多本書。

曾經有很長一段時間，我的床，一半是屬於我的，一半是屬於書的。

睡不著的時候，拿起一本，開始翻。

沒事做的時候，拿起一本，開始翻。

缺乏動力的時候，拿起一本，開始翻。

我對書充滿感激，它們陪伴我成長，不管我搬到哪裡，這些書都一直跟著我。

由於大量閱讀，所以我在寫作和講課上，比一般人更有內容。

當我還沒沒無聞的時候，為了讓自己能更快嶄露頭角，我曾在三個月內寫出近百篇文章。

後來，為了服務社群成員和打造個人品牌，我經常做線上分享，曾經一週演講八場。

如果沒有靠大量閱讀打下堅實的基礎，我就無法寫這麼多的文章、做這麼多的分享。

堅持讀書，等於持續鍛鍊並充實自己的大腦。讓大腦充滿可用知識、更具戰鬥力，我們才能做得更好、活得更好。

事實上，讀書，本就應該是終身成長者的標配啊！

多讀，就能突破閱讀新手期

如果自己的閱讀能力很差，怎麼辦？

多讀，持續讀。

越早突破新手期，你就越容易嘗到讀書的甜頭，越容易建立起良好的閱讀習慣。

我在新手期的時候，花了很多時間在書店，翻閱大量的書，有時候一待就是一整天。累計讀了上百本書後，我發現讀書對我來說，變得容易很多。

一開始最好挑自己能讀得進去的書，不然，你可能很快就放棄了。

另外，你要多讀能提供成長方法的書，為以後的發展打好基礎。

用，就能自然記住

求學階段，為了準備考試，我們經常需要背誦書裡的內容。儘管畢業多年，很多人在閱讀的時候，仍然希望自己盡可能地記住所有東西。但是，要讀的書那麼多，怎麼可能都記得住呢？

不信的話，你回憶一下自己在學生時代背過的課文，現在還能完整地背出幾篇？對於一些特別有用的內容，我當然希望自己能記住，但我更希望自己能應用。

用，才是更好的讀。

用，才是更好的讀。

用，才是更好的讀。

用，才是更好的讀。

因為太重要了，我強調了四遍。

我是怎麼做的呢？

1. 重複讀，多讀幾遍。
2. 讀的過程中思考怎麼去用，並且真的去用，努力做出成績。
3. 分享給更多人。

時間一久，這些內容就自然而然被我消化了。這時候，也就不存在能否記住的問題了。

閱讀速度慢怎麼辦？

一開始，你要忍受這種慢，因為這種慢是必然的，也是躲不掉的。沒有人一出生就能走路，也沒有人在一歲的時候就能健步如飛。同樣地，你也沒辦法在基礎還不扎實的情況下就能快速閱讀。

不過，你不可能一直慢下去，隨著閱讀量不斷增加，掌握的詞彙越來越多，你的知識累積越來越豐富，資訊處理能力越來越強，閱讀速度自然就會越來越快。

另外，當你大量閱讀後，判斷力就會提高，你可以快速識別哪些內容是可以泛讀的，哪些內容是需要精讀的，對不同的內容區別對待，從而更快地讀完一本書。

用零碎時間閱讀也是讀

現代人十分繁忙，如果要等到有充分且完整的時間才能讀書，那麼，很多人可能就會對讀書這件事望而卻步了。

有不少人抨擊用零碎時間閱讀，但我並不認同。

用零碎時間閱讀，也是閱讀。

有時間就讀幾頁，沒時間就還是做自己的事。

這樣做，一年下來，也能累積不少閱讀量。

很早之前我就開始刻意訓練自己用零碎時間閱讀的能力。

一開始，我發現這件事並不容易，因為很難馬上進入狀態。

但我會「強迫」自己繼續讀，不管狀態如何，先讀再說。

經過多次訓練後，我已經能快速切換狀態，有效地運用零碎時間閱讀了。

忙碌的時候，一天也能讀幾十頁。

除了讀書筆記，更要寫實踐筆記

很多人讀完書後喜歡寫讀書筆記。

這樣做有效果嗎？

有，但是還不夠。

我還有更好的辦法，那就是寫「實踐筆記」。

讀完書之後，根據自己的實際情況，回答兩個問題。

第一個問題：有哪些內容是我能實際應用的？

需要逐一列出。

第二個問題：針對每一條內容，我該怎麼做？

把這兩個問題的答案寫出來，就是一本書的「實踐筆記」。

這樣做，能促使你更認真地思考，讓這本書真正為你所用。

如果你只是做普通的讀書筆記，思考得不夠深入，經過一段時間，你很可能就忘得差不多了。

如果是寫實踐筆記，你不僅要思考哪些內容是可以應用的，還要去想自己能怎麼用，接下來該怎麼做。效果自然比較好。

哪些是必讀的書籍？

這是個見仁見智的問題。

我分享一些我的看法。

1. 歷史類書籍。讀歷史，會讓你更懂人性。
2. 人物傳記。讀人物傳記，你能看到很多可能性，而這些可能性，可以作為人生的參考。

3. 還有一些能夠幫我們提升商業思維的書。這方面的書我也讀得比較多，因此，我的商業嗅覺會比較靈敏，比一般人更容易發現不錯的賺錢機會。

4. 最後，我要強調勵志書。

有人一看到勵志書就責難。

有人明明想看這類書籍，卻怕被人看到、被人鄙視，只能私底下看。

我覺得，看書應該視個人需求，尤其是在內心匱乏之時，讀一些勵志書將會有所幫助。如果讀這些書能讓你的狀態變好，這也是一件很好的事。

我就看過很多勵志書，這些書帶給我很大的幫助，在此一併表示感謝。

如何提升挑書能力？

我算是一個非常會挑書的人。

我們社群裡的推薦書籍，絕大多數是我挑的，大家普遍的反應都很好。

挑書，是需要大量練習的。

我會經常做這幾件事：

1. 經常逛書店，大量翻書。
2. 推薦好書給愛讀書的朋友。
3. 在網路書店花時間找書，並搜尋書評。
4. 從一些好書的參考書目裡找書。

這些事情，堅持做，你自然會成為一名挑書高手。

讀書三訣竅

關於讀書，我一直在實踐「讀書三訣竅」。

訣竅一：重複讀。

挑出幾本經典書籍，一遍又一遍地讀，有些書我甚至會讀十遍以上。

訣竅二：追作者。

如果我特別欣賞某個作者，我會把他的書都買來，認真研究。可能的話，我還會想辦法跟這位作者見面，近距離感受他的言行舉止，向他請教，跟他交流。

訣竅三：勤分享。

我在書裡看到好的內容，會找機會講給別人聽，講多了，這些內容自然就印在腦海裡，用起來也會輕鬆許多。

有效讀書的四個建議

1. 杜絕讀書萬能論。

讀書，只是我們提升自己的諸多方式之一，千萬不要待在書堆裡不走出來。我們不僅要讀書，還要去見達人，更要做具體的事情，在現實中磨練自己。

2. 聽人講書。

有人對講書節目「口誅筆伐」，實際上我自己和身邊的很多朋友，都是講書節目的受益者。我們不僅要自己讀，還要聽那些專業人士是怎麼解讀的，這也能讓我們學到更多東西。而且，有些場合（例如做飯的時候）確實不適合看書，但我們可以聽聲音。把握每一分每一秒。

3. 挑書，更要挑作者。

如果一個作者，自己沒什麼成就，卻出書告訴你如何才能成功，你會作何感想？我一直「呼籲」要遠離紙上談兵者。他們也許講得很好，寫得很好，但他們本人並不是很好的實踐者，甚至連見證者都不是。

讀他們的書，你放心嗎？

多讀有成果的人寫的書，你會更容易有成果。

4. 什麼是真正的讀懂？

真正的讀懂，是結合自身實際，理解、堅信、持續實踐，並做出成績。

有關讀書

用，才是更好的讀

掃描條碼關注微信官方帳號，
輸入中文簡體字「**读书**」，獲取神祕錦囊

【實踐筆記】

第 6 章

寫作

透過寫作讓自己更有優勢

寫作可以改變你的人生

寫作是「改運」級的武器，寫作和不寫作的人生，有極大的不同。

1. 寫作，能讓你的思考更清晰，大幅提升你的思考力。思考力提升了，你的成功機率也會跟著提高。
2. 如果你經常寫作，你會比一般人更容易發掘有價值的資訊。這些有價值的資訊，會讓你更容易脫穎而出。
3. 公開寫作，能幫你連接有相同想法的人。這些連接意謂著新的可能性、新的機會。
4. 寫作是打造個人品牌的神器。有良好的個人品牌，在各種競爭中都會更有優勢。現今文字傳播迅速，如果不寫作，就浪費了「天賜良機」。

如果我當初沒有在網路上公開寫作，就無法被這麼多人關注，並且做出一個頗具影響力的學習型社群。

你，別猶豫了，寫吧！

如何增進寫作能力？

1. 多讀優秀作品。

有句話說得好「知好才能做好」。要想做出好產品，你必須先見過許多好產品。寫作也是如此，優秀作品讀得太少，你就不知道什麼是好作品，自己也很難寫出好作品。

2. 多寫，多改。

寫太少，大腦不靈活；改太少，表達不精準。

3. 死磕*閱讀法。

找一本文字風格你特別喜歡的書。

這本書的方法、原則、理念、思想，你很欣賞，覺得特別受用。

這本書每篇文章的篇幅最好不要太長。

找到之後，你可以這樣做：

a. 每天選其中一篇文章，認真讀兩遍，不僅要認真感受作者的文字，還要分析文章的布局。

b. 大聲朗讀一遍，並錄音。

c. 聽一遍錄音。

d. 抄寫（也可以用電腦打字）一遍。

如果你真的把一本精選的好書從頭到尾讀五遍，你的文字功力一定會有顯著的進步。

剛開始應該寫什麼？

只要你能寫出來，且對讀者來說，可能會有啟發的內容，都可以寫。

例如，你有哪些學習對象，你從他們身上學到了什麼？

例如，哪些書對你有很大的影響，你學到了什麼，它們分別對你產生了什麼影響？

例如，你有哪些成就，你是怎麼做到的，有什麼值得分享的經驗？

例如，你吃過哪些虧，這些虧為你帶來什麼啟示？

……

透過寫這些文章，你能更清楚地了解自己，也讓讀者對你有更全面的認識，還能為讀者提供足夠多的「建言」，讓他們願意持續關注你。

或者，如果你已經確定了自己的路線，想在這個領域寫出成績，打造專業個人品牌，那就可以專門寫這個領域的相關內容。

＊意指不達目的絕不罷休。

多看多寫，自然練成下標題的能力

寫文章，標題就像人臉，非常重要。

好不容易寫完一篇文章，卻想不出一個好標題，怎麼辦？

別急，這是可以訓練的，我教你兩個簡單的方法。

1. 經常瀏覽標題。

為了提高自己下標題的能力，我會經常去瀏覽標題。

什麼意思呢？

我關注了很多官方帳號，通常我並沒有時間看完所有帳號的內容，但我會快速瀏覽它們的標題，如果有非常吸引人的，我就會多停留一會，甚至把這個標題記錄下來。

2. 多下幾個標題。

你還可以做一個練習，在你寫文章的時候，替同一篇文章下許多標題，再憑直覺選一個，作為文章的最終標題。

持續前述的兩個練習，假以時日，你自然能成為一個下標題的高手。

寫作沒靈感怎麼辦？

我也曾覺得自己沒什麼靈感，寫不出東西，非常焦慮。

後來發現，這種情況其實是缺乏內容導致的，頭腦裡沒內容，自然寫不出東西。

那該怎麼辦呢？

讀好書，見達人，這些都是必做的。還要多觀察、多提問、多分析、多總結。

例如你到一家餐廳消費，這家餐廳給你的感覺非常好，此時你不能只是享受，還要認真地觀察、分析，這家餐廳到底是哪裡好，哪些細節打動你。

如果有不清楚的地方，還可以直接詢問服務生，更深入地了解這家餐廳，同時在心裡繼續探究以上問題。

這樣做，你可以總結出不少有用的資訊。

如此一來，寫出一篇頗有價值的文章，肯定是沒問題的。

寫不出東西的時候，不要枯坐著冥思，你應該去「找內容」——從書裡找，從達人那裡找，從現實生活中找。

內容充足了，寫東西也就更容易了。

有人給負評怎麼辦？

放心，所有知名作家在寫作這條路上都會面臨負評。

除非你寫的文章沒人看，否則，難免會有負評。我們不可能一開始就寫得很好，也不可能做到每一篇文章都是經典，更不可能讓所有人都滿意。

遇到有人說你文章寫得不好，甚至罵你，你就把它當成是一種鞭策。你除了繼續寫，好好寫，讓自己寫得更好，別無選擇。

如果你糾結於別人給的負評，並對此耿耿於懷，難以釋懷，那真的是浪費時間。

我和大家分享一個故事。二〇一六年，一個出版社的人看了我的文章後，跟我說，他覺得我的文章沒有出版價值。

當時我感到很鬱悶，但我沒有辯解，而是繼續寫，反而更有動力。

沒多久，我就寫出了觀看人數非常高的「爆款」文章。

很快，他就來找我了，表示想出版我的書。

我沒有不理他，但是，我也沒有跟他合作出書，而是繼續努力寫文章。

後來，找我出書的優質出版社越來越多，提出的條件也越來越好。

寫作是要與人交流、分享

寫作不是自言自語，而是跟人交流、分享。我們寫的文章，要讓人願意看、看得懂、看了之後有所啟發。打字的時候，要想像自己在對一群人講話。

如果沒有想著「具體對象」或想要「分享」，很容易寫出「自嗨」的文章，也許你自我感覺良好，但讀者卻無感。

剛開始寫文章的時候，我會經常像寫演講稿一樣寫文章，還會認真想像自己上台對著很多人演講。

這樣做確實很有效。後來，很多讀者跟我說，我的文章通俗易懂，讓人感覺非常親切，就像是我面對面跟他們講話一樣。

說服力，比文采更重要

其實絕大多數人的文采都很普通，包括我。

但這沒關係。

我覺得一個人寫的文章只要簡潔流暢、有說服力，就很好了。

對於簡潔流暢，我的理解是：表達精準不囉唆，語言通順不拗口。

有說服力，指的是能讓讀者相信，並且想要去改變。

說服力從哪裡來呢？

除了寫得有道理，你本人還必須是一個實踐者。

試想，如果你自己身材肥胖，卻寫文章來教別人如何減肥；如果你自己每天晚睡晚起，卻寫文章告訴別人早起的好處；如果你自己的工作做得一塌糊塗，卻寫文章告訴別人如何才能升職加薪。誰會相信你？

對於作者而言，這裡有一條少有人走的路，一旦走通了，你的文字會非常有力量。

這條路總結起來就七個字：做得好，並寫得好。

這世上做得好的人，不少。

寫得好的人，也不少。

但做得好又寫得好的人，少之又少。

如果你走上了這條路，恭喜，你走對路了！

合格寫作者應該時常檢視自己的信念

你有沒有認真梳理過自己堅信的原則、理念？

一個合格的寫作者，應該有自己堅信的原則、理念。這些原則、理念，是隨著作者的成長而不斷發展的，而且他應該將這些東西融入自己的文章。

作者要知道自己堅信什麼，不能隨隨便便，不能糊裡糊塗。

現在，你可以做一個練習：

1. 拿出一張白紙，用筆寫下所有你能想到的並且非常堅信的句子。例如，讓自己變得更好，是解決一切問題的關鍵。
2. 寫的時候，要用加法，想到了就寫下來，越多越好。
3. 等實在寫不出新的句子了，就開始用減法，把你覺得可有可無的句子去掉，留下你認為絕不可少的句子。
4. 剩下的這些句子裡，很可能就藏著你堅信的原則、理念。

你可以經常做這個練習，因為它能幫你有效地梳理自己，讓你成為一個更優秀的寫作者。

寫作的九個建議

1. 不僅要多寫，還要努力寫出值得傳播的代表作。
2. 寫作，與讀者建立信任是第一重要的事。
3. 每天分析一篇打動你的優秀文章，對提高自己的寫作能力很有幫助。
4. 如果你確實很忙，可以試著從每天寫五十個字開始。如果還覺得多，那對不起，別寫了，你太辛苦了。
5. 養成看電影時認真品味台詞的習慣，很多電影台詞是很經典的，非常值得學習。
6. 搜集一些寫得特別好的句子，做仿寫練習，可以大大提升你的遣詞造句能力。
7. 經常翻字典，了解字詞的用法，可以讓你的表達更精準。
8. 聽一些好的內容，有助於培養良好的語感。
9. 開始寫吧，不管你的基礎如何。

有關寫作

你本人必須是一個實踐者

掃描條碼關注微信官方帳號，
輸入中文簡體字「**写作**」，獲取神祕錦囊

【實踐筆記】

第 7 章

講課

讓你講出去的話充滿價值

會講課，就能影響更多人

在我看來，一個人擁有良好的講課能力，意謂著把知識、道理、事情清楚表達，讓人願意聽、聽得懂、有啟發，且願意去改變。

如果你是一位老師，擁有良好的講課能力，你能讓學生學得更好。

如果你是一位家長，擁有良好的講課能力，你能有效地帶著孩子成長。

如果你是一位老闆，擁有良好的講課能力，你能有效地培訓自己的團隊。

如果你是一位作者，擁有良好的講課能力，你能有效地影響和改變讀者。

……

不管你是誰，擁有良好的講課能力，你會更有競爭力。

用錄影訓練講課

當年，為了讓自己能講得更好，我連續錄了兩個月的影片，沒有一天中斷，總共錄了一千多個。

那時候，剛好是暑假，我白天要教課，到了晚上會選擇一個題目，錄製一到三分鐘的即興談話影片。

每次錄完，我都要檢視影片，看自己表現如何，有哪些地方需要改進。如果表現不佳，我會重新錄，最多的時候，一個晚上錄了六十五個影片。

剛開始一定會很艱難，不僅內容會有問題，而且影片裡的自己也讓人「不忍直視」——手勢僵硬、眼神飄忽、表情奇怪，聲音語調聽起來也很不自然。

要錄製一個稍微自然的影片，需要花很長的時間。

隨著訓練次數增加，我的表現越來越好，到後來甚至可以一次就錄成功。

這個方法，實測有效，建議你也試試。

想要講得好，就跟高手學習

如果你想成為一個講課高手，首先你需要多聽講課高手的課。不僅要聽，還要看他們的影片；不僅要看，還要模仿他們的聲音語調、表情姿態。當然，這還不夠，如果有機會，一定要當面去見他們，近距離聆聽、觀察、學習。

為大家分享一個我的故事。

當研究生的時候，為了準備考試，我曾把一位老師的講課錄音前前後後聽了幾十遍。這位老師講得非常好，我和同學們都很喜歡聽。

我不僅跟他學到很多東西，還覺得講課是一件非常有趣且有意義的事。

幾年後，我想辦法聯絡上了這位老師，請他吃飯，跟他面對面暢談了幾個小時。我發現，現實生活中的他口才十分了得，比想像中更有魅力。

我本來覺得自己的講話水準已經夠高了，但跟這位老師相比，真是天壤之別。

又過了三年，我特地找他，交學費，跟他深入學習。

每次跟他見面，我都能學到很多。我自己在講課這件事上的進步也很大。

當面感受真實的回饋

我很感謝自己那段現場教英文的經歷，它讓我更加懂得如何在現場去跟別人溝通，如何面對面地去教別人，並且成為更自信的自己。

一個人如果想真正在講課這件事上有所突破，就一定要走到現場去，走到真實的場景中去演講，面對真實的人，就算只有一個聽眾，也勝過你自己一個人練習。

對著手機、電腦講話，和跟人面對面講話，你所感受到的壓力、得到的回饋是不一樣的。

你需要多去感受來自現場的壓力和回饋，這樣才能讓自己的內心更強大，讓自己的表現更自然。

準備自己擅長的，開課就不難

講課並不難，你也可以，真的。

我舉兩個例子。

例如，擅長理財的你，可以認真準備一堂關於理財的簡短課程，然後寫一篇推廣文案，貼到社群媒體上嘗試販售，就算只收幾塊錢也可以。

又如，擅長讀書的你，遇到了一本非常好的書，可以把這本書多研究幾遍，結合自身過往的經歷，認真準備一堂幾十分鐘的課程，用同樣的方法，貼到社群媒體上試著販售。

要是真的有人報名，你就講給他們聽，並且注意蒐集回饋。

如果你心裡還沒把握，想要多練習，可以和幾個志同道合的人組隊互助——每隔一段時間聚在一起，每個人都講一堂課，並且其他人都要給回饋，這可以有效地幫助彼此精進課程，共同提升講課能力。

只要你堅持實踐前述這些方法，你會發現，開課其實並不難。

如果你從不開始，對不起，你永遠無法成為講課高手。

做足準備，沒講稿也能有好表現

不得不說，講課前認真寫稿是很好的習慣。

但在絕大多數情況下，我是不寫講稿的。

為什麼呢？

我要透過這樣的方式，逼自己多加練習，讓大腦和嘴巴的反應變得非常快，從而擁有一般人沒有的即興講課能力。

有人可能會覺得這樣做很不負責任，聽課的人肯定感覺很差。

事實並非如此，我講的課，在社群裡評價非常高，有不少人已經跟著我學了三年多。

我是怎麼做到的？

與你分享三個祕密：

1. 頻繁思考。我平時經常思考，經常研究有價值的問題，想清楚了，講起來也會更順暢。

2. 言行一致。我講的絕大部分內容，是自己的實戰經驗和心得，我對自己做過的事很熟悉，講起來也會比較容易。

3. 瘋狂練習。我平時會做大量的即興講課練習。例如，找一個主題，迅速講出一段內容。

關於不寫講稿，我還有一個發現，那就是，它能給我帶來驚喜。

什麼意思呢？

如果每次都寫好稿子再來講課，我會錯過很多臨場發揮出來的好東西。

正因為沒有稿子的束縛，我經常會講著講著，就講出一些意想不到的好內容。

如何讓自己更幽默？

幽默，能大大提升你的語言魅力。

坦白說，我是一個幽默的人。

幾年前，我去一家盲人按摩店消費，其間，我接了一個電話，和一個朋友聊天，通話結束時，旁邊一個同樣在按摩的陌生男子說：「你怎麼不打了？」我以為吵到他了。

緊接著，他又說了一句：「真是笑死我了，聽你講話真是一種享受。」

現在，我比那個時候還要更幽默。（笑）

我是怎麼在幽默這條路上越走越好的呢？

實際方法如下：

1. 多聽搞笑的內容。例如中國企業家、英語教師羅永浩的《老羅語錄》，我曾聽了上百遍。
2. 多背有趣的橋段，並找機會用自己的話講給別人聽。
3. 根據不同場合的需要，改編橋段，並多講。
4. 自己遇到好笑的事就整理成橋段，講給別人聽。
5. 多跟幽默搞笑的人相處。

這些方法你也可以用，而且只要你真的去做了，講課效果肯定會更好。

簡單好用，就能更受歡迎

曾有人問我，網際網路時代，如何才能讓自己的課程更受歡迎？

我的回答如下：

1. 簡單易懂。

晦澀難懂，是講課大忌。

如果一個人講課不能做到簡單易懂，說明這個人的講課能力有待提升。

甚至，很有可能他自己都沒想清楚，所以，才會講得這麼難懂。

要做到簡單易懂，除了多使用常見詞之外，多舉例子、多用比喻，也很重要。

2. 非常好用。

除了做到簡單易懂外，你還要提供給大家非常好用的方法。

如果客戶聽完你的課之後，覺得沒有用，或不好用，他們的感受會很差。

3. 充滿力量。

很多時候，客戶缺的不是方法，而是力量。

我們要給客戶力量，讓客戶充滿動力，並真的願意去行動，去改變。

如果你能做到簡單易懂、非常好用、充滿力量，你的課肯定會更受歡迎。

我的高端課怎麼開？

我開了一堂實體課，每次只招生三個人，招滿後，我會跟大家共同決定什麼時候上課。

這堂課收費很高，報名的人都必須提出申請，審核通過後才能繳費參加學習，來的人能量都很強。

在課堂上，每個人都要分享自己的商業模式，並且大家都會互相提供建議。

我會在現場跟大家充分溝通，確定每個人的需求之後再決定講什麼。

大家可以不斷提問，我會盡己所能為他們解答疑惑。

我把這種講課方式叫做「諮詢式授課」。

這個課不是一次性的，我下次開課時，這些人還可以繼續來聽課，結交新的朋友。對我而言，開這門課，不僅賺到了錢，還組成了一個高能量圈子。對學員而言，他們得到的是量身定制的建議和真正用得上的方法，以及一群能夠互相幫助、長期共同成長的朋友。

講課的四個建議

1. 要充分了解客戶需求，而不是閉門造車。
如果你沒有做好客戶調查，不了解客戶需求，怎麼能期待客戶有所收獲？

2. 聽自己的講課錄音，找問題。
尤其是對新手而言，這一點是必做的。不要講完就算了，你要多聽自己講過的課，並認真分析，想辦法改進。

如果有敢說真話的人願意提供建議給你，那就更好了。

3. 針對你講課的領域，平時多寫一些文章。

由於經常寫這個領域的文章，你會對相關內容想得更清楚，講起來也會更輕鬆。而且，你寫這個領域的文章，能吸引課程的潛在目標客戶，當你推廣課程的時候，這些人更有可能報名。

4. 內部測試。

如果你想讓自己的課程變得更好，實施內測是個好辦法。你可以去找一群目標客戶，說明原委，讓他們來聽你的課。

在實際講課的過程中，你會產生很多靈感，還能發現不少問題。他們也能提出建議給你，幫助你精進課程。

有關講課

很多時候，
客戶缺的不是方法，
而是力量

掃描條碼關注微信官方帳號，
輸入中文簡體字「**讲课**」，獲取神祕錦囊

【實踐筆記】

第8章

達人

靠與達人見面來突破自己

為什麼要見達人？

以前的我，社交圈窄，見識少。

為了尋求突破，二〇一五年十一月，我開始想辦法與達人見面。見了幾位達人之後，我收獲很多，更覺得這是一種非常好的學習方式。於是，二〇一六年初，我就為自己立了一個目標：一年要採訪一百位達人。

後來，我把「採訪達人」變成了「見達人」，因為採訪顯得太過正式，而且還要寫出採訪稿，這對我來說壓力太大。若只是見達人，事情會變得簡單很多。即便如此，在很多人看來，難度還是很大。

但我持續做下去了，而且樂此不疲。記得有一天，我馬不停蹄地見了五組人，凌晨回到飯店時，我回顧了一天的收穫，那種滿載而歸的感覺，真是太棒了。

最近四年，我累計見了數百位達人。

我見到了很多可能性，思維更加開闊，也更有成長動力。

我進入了幾個新的優質社交圈，得到了許多非常重要的機會。
我遇到了很多貴人，他們在關鍵時刻給了我很大的幫助。
我建立了一個較大的資源網絡，成為一個超級連接者。
……
可以說，見達人這件事真的改變了我的命運。

如何找到很多達人？

我為大家分享五個管道：

1. 新媒體平台。我關注了很多達人的官方帳號，我會留言給其中一些人，有的真的會回覆我，並且願意和我交流。

2. 社群、培訓班。我參加了很多社群和培訓班，在裡面會遇到一些達人，我會想辦法結交他們。

3. 付費約見平台。例如，透過知識付費平台「在行」APP約見面，這個APP上入駐了各行各業的達人，我會通過搜尋關鍵字查找到相關領域的達人，並約見他們。

4. 他人引薦。例如，見達人的時候，有些達人會引薦其他達人給我；又如，有的朋友知道我要見達人，也會介紹達人給我。

5. 自身吸引。有了一定的名氣之後，很多達人會主動找我。

何謂主題式見達人？

如果你需要對某個領域有更深入的了解，有一個很好的方法，那就是逐一約見多位這個領域的達人。

我把這種方法稱為「主題式見達人」。

以我為例。

二〇一七年夏天，我想深入了解某個領域，我見了這領域所有我能找到的達人。見完之後，我對該領域的知識，有了相當大的提升。而且，我還有意外的收穫——通過其中兩位達人的引薦，我進入了兩個非常厲害的社交圈，認識了幾位非常優質的朋友。

跟多位同一領域的達人交流，向他們請教，基本上會有兩個好處，一方面，你可以了解更多「門道」，少走很多彎路；另一方面，你還可以建立這一領域的專家網絡，以後遇到相關問題，找人就容易多了。

你還可能像我一樣，有意外的收穫。

見達人要準備什麼？

1. 事前做功課。例如，讀達人的文章，了解他的思想和過往經歷。
2. 梳理自己。認真準備自我介紹，方便達人能在較短時間內了解你的背景和需求。這樣的話，對方才更能根據你的實際情況與你交流，給你建議。
3. 好好休息。如果你睡眠不足，在見達人時總是分神，甚至打哈欠、打瞌睡，訪談效果肯定會不好。
4. 整理儀容。整潔乾淨是基本要求。畢竟，邋遢的人在大多數場合是不受歡迎的。
5. 帶上禮物。禮物不一定要很貴，但是要有價值，最好對方用得上。

見達人不能聊什麼？

1. 不要去問對方的隱私。

例如，女士的年齡、對方的婚戀狀況、收入等資訊。這很可能會讓對方覺得你很八卦、不禮貌。

有一次，我不小心問了一位女士的年齡，對方立刻回我：「你不知道問女生的年齡是很不禮貌的行為嗎？」場面一度很尷尬。那次之後，我就特別注意了。

2. 不要在聊天的時候說其他人的壞話，不要洩露其他人的隱私。

如果你不注意，別人會覺得你很不厚道，會防著你，跟你說話也會特別小心。如果對方在說別人壞話，你不要跟著附和，否則，一旦傳出去，你就慘了。

3. 有些達人好奇心比較強，可能會問你一些不該問的問題，這時候，你不用都有問必答。

切忌交淺言深，不然是很危險的。

見達人後要做什麼？

1.回饋。

見完達人之後，你要傳訊息表示感謝，還可以寫一寫自己的收獲，傳給對方。一方面，自己做了梳理，對談話的內容會有更深入的理解；另一方面，也讓對方知道你確實有收獲並且非常感謝他，一般情況下，達人會因此感到很高興。還有更好的方式：你可以手寫一封信，內容為收獲和感謝，拍照傳給對方，甚至想辦法送到對方手上。這樣做的人不多，但確實會讓人印象很深刻。

2.推薦。

如果覺得這位達人特別棒，你還可以推薦給其他人。達人知道了，也會很感謝你。

3.分享。

例如，平時讀到了好的文章，如果對某位達人有用，可以分享給他。同理，遇到了好書，也可以分享給他。

4. 問候。

可以在特殊的日子，像是節日或生日等，為達人送上一份專屬的問候。

「著急」是見達人的大忌

有的人，急於求方法，急於要資源，讓達人尷尬不已。

有的人，跟達人聊得特別愉快，急於做出一些承諾，例如跟達人的合作項目，幫達人做一些事等。結果沒多久就後悔了，然後失信於人。

有的人，會急於在達人面前推銷自己，滔滔不絕地講自己的各種光輝成就，希望能快速得到達人的認可，卻沒有給達人足夠的說話時間，最後，把整場訪談變成了自己的推銷會。沒有意外的話，達人會感覺很差。我之前就犯過這樣的錯誤，現在想想，實在是不應該。

這些冒失的行為，都是很減分的。事實上，慢慢來會更好。

給人負評，弊大於利

有時候，你滿懷期待地去見達人，但是見完後，你很不滿意。怎麼辦？

我曾看到有人在朋友圈中評論自己約見的達人，內容非常不友善。

你有權這麼做，但我勸你不要這麼做，因為給人負評是弊遠大於利的事。

一方面，你在網路上公開給負評，對別人的影響很大。

另一方面，如果其他達人看到了你的負評，下次你去約見他們，他們會不會因此而拒絕呢？這不是危言聳聽，因為他們可能會覺得你是個麻煩的人，所以乾脆選擇不見。

強烈建議，除非是不得已，否則，不要給人負評。

如何讓你更有價值？

做一個超級連接者，會讓你更有價值。

如果我覺得某兩個達人適合做朋友，我會先跟他們說明，確認雙方意願後，再介紹彼此認識。

我有時候還會根據達人的需要，為其推薦或連接不同社群、培訓班和合作平台。

為什麼要這麼做？

我能力再強，別人也不一定需要我，但如果我是一個超級連接者就不一樣了，在別人眼裡，我會非常有價值，因為他們可以透過我連接很多人脈和資源。

成為一名合格的超級連接者，有三點至關重要：

1. 要結交足夠多的達人，且別人願意信任你。
2. 要充分了解大家的實際情況，不要亂介紹。

3. 不要在未確認雙方意願的情況下強行介紹，例如，突然拉個群組，這樣很不禮貌。

見達人的五個建議

1. 不要奢望見一、兩個達人就能讓自己有很大的改變，見達人這件事，需要長期執行。
2. 不要滿足於只是問幾個問題，而忘了跟達人交朋友。
3. 見達人，平等溝通很重要。你是人，他也是人，把自己的姿態放得過低或過高，都不是好事。
4. 交流的時候，手機靜音，保持專注。如果你的手機一直響，會打斷對方的思路，他會覺得不被尊重。
5. 不要只是讓達人講給你聽，你也可以分享一些可能對他有價值的內容。

有關達人

做一個超級連接者

掃描條碼關注微信官方帳號，
輸入中文簡體字「**牛人**」，獲取神祕錦囊

【實踐筆記】

Part 2 大升級

貴人

團隊

社群

銷售

品牌

冠軍

賺錢

寫書

第 9 章

貴人

讓自己擁有超好的貴人運

擴大交友圈，能增加貴人運

本文的關鍵字是走出去。

出門常遇貴人，是對一個人的美好祝願。

如果你的交友圈很窄，且認識的都是一些能量不高的人，那麼你基本上很難遇到貴人。

改變交友圈，你才更有可能突破。

走出去，你才更有可能遇到貴人。

這幾年，我不斷對外連接，遇到了很多貴人。

他們給予我很大的幫助。有人給了我非常重要的機會；有人提供給我寶貴的資源；有人跟我合作，共同創造了巨大的價值。

如果我沒有走出去，而是待在自己的小圈子裡，貴人們怎麼會出現在我的生活裡？

如果你想常遇貴人，那就絕對不要只在自己的小圈子裡，不要封閉地活著，而要走出去，去認識更多優秀的人！

參加付費課程，增加對外連接的機會

本文的關鍵字是付費。

付費是一種非常簡單有效的連接方式。一旦你成為別人的付費使用者，甚至是高端付費使用者，你們之間的關係很快就變近了。

別人會希望你變得更好，更希望你成功，也會更願意幫助你。

尤其是沒有家庭背景的人，更應該透過付費來突破自己的社交圈，花錢買更多的可能性。

如果你總是捨不得花錢，你對外連接的效率會很低，而且品質還得不到保證。

收費可以吸引更多支持你的人

本文的關鍵字是收費。

如果我們有了一定的經歷，能夠提供價值給別人，我們就可以收費。

不要不好意思收費，只要你提供的價值大於別人支付的價格，收費就沒有任何問題。

願意付費給你的人，比一般人更認可你，也更願意幫助你。

我從二〇一六年五月開始經營收費社群，社群裡出現了很多我的貴人。

例如，我的團隊成員大多來自我的社群，想法都很接近，他們是我堅強的後盾。

例如，有些社群成員會介紹業務給我們。

例如，很多社群成員會為我們站台。

例如，我每年都會有一次年度分享，很多社群成員會自發性幫忙推廣。像是二〇一八年十二月的年度分享，有一位來自深圳的成員，為我帶來了四萬多位聽眾。

這些人都是我的貴人。

付出越多，肯幫你的人也會越多

本文的關鍵字是付出。

如果你總是索取，卻不願意付出，別人會討厭你，遠離你。

你要做一個持續付出的人，付出越多，肯幫你的人也會越多。

最近兩年，我一直在做一件事——每天至少為一個人提供價值。

例如，提供一個具體有效的建議，推薦一本好書，分享一篇優質的文章，介紹一個朋友……

這些都是在提供價值。

當然，我不是對所有人都好，至少，這個人必須是值得我付出的。

持續做這件事，效果非常驚人。

懂得感恩，別人下次還會願意幫你

本文的關鍵字是感恩。

要想常遇貴人，你必須懂得感恩。

如果別人幫過你，你要表示感謝，更要記在心上，並想辦法在適合的時候，回饋對方。

有位老師曾幫過我，我在其微信官方帳號上持續打賞*了一年。

在過去三年多時間裡，我送出去了上萬份禮物，大部分是送給幫過我的人。

很多人知道我是懂得感恩的人，因此更願意幫助我。

我說這些，並不是想向大家證明我有多高尚，我想說的是，懂得感恩，能讓你的事情更順利。

如果別人覺得你是一個不懂感恩的人，他們不僅不願意幫你，甚至還會遠離你。

讓自己不斷進步，貴人自然會接近你

本文的關鍵字是持續成長。

我朋友圈裡有一些人，一開始他們和我並不熟，沒什麼交流。

隨著我不斷成長，影響力越來越大，他們開始和我有了較頻繁的互動。

有的替我加油鼓勵，有的給我打賞，有的介紹朋友給我，有的提供機會給我。

也許你會覺得他們很功利，很現實，看到我有名後才來找我。

但我覺得這很正常。

如果你是個一事無成、不思進取的人，有幾個人願意主動理你？

大家的時間和精力都有限，憑什麼來關注你、幫助你？

我們要持續成長，成長為一個對別人有價值的人。

* 微信通訊軟體上的一種支付功能。

這樣的話，你不去接近別人，別人也會接近你。

你的貴人，自然會越來越多。

做到超乎預期，別人會覺得你特別可靠

本文的關鍵字是可靠。

關於可靠，我先舉兩個例子：

第一個例子，週六上午，你在家休息，某個重要人物找你幫忙寫一篇文案，三天必須完成。你問清楚需求後，表示第二天結束前會給初稿。結果你當天下午三點就把初稿交給他了，他看完後，非常滿意，表示稿子可以直接用。

這時候，你的表現遠超過他的預期，他會覺得你很可靠。

第二個例子，老闆讓你在四天內整理一份資料，你說只要三天就能整理好。結果第

三天老闆來問你進度，你卻說，真是不好意思，最近太忙了，還沒開始進行，還要再等三天。

這時候，你的表現遠低於老闆的預期，他會覺得你很不可靠。

可靠，基本上要在結果上做到符合他人的預期。

如果要讓人覺得你特別可靠，你還要學會給驚喜，做到超出預期。

怎麼做呢？

一方面，你要學會管理預期，可以讓別人有合理的期待，但千萬不能讓對方過度期待，否則你就很難超出預期了。

另一方面，你在結果上要讓人有驚喜感。例如，別人的預期是八分，你卻給了十二分的交付，這時候，他就會驚喜。

若你是一個特別可靠的人，你將更容易得到機會，也更容易遇到貴人。

充分利用時間，吃飯同時交朋友

本文的關鍵字是「飯局」。

我們不能只滿足於線上交流，還要在現實生活中跟人見面，加深了解，建立信任。但我的工作量很大，現實生活中的社交時間並不充裕。怎麼辦呢？

我的解決辦法是大量請人「吃飯」（一年請一百多頓），反正都要吃飯，用吃飯時間交朋友，還能互相學習，一舉兩得。

關於「飯局」，有兩點非常重要：

1. 要挑人，不能什麼人都請。

2. 控制好話題，不能只是單純聊天。

這樣做，更容易吃出價值來。

分享自己的成果，持續交流

本文的關鍵字是彙報成績。

彙報，也是一種回報。

很多人只是埋頭做事，卻不懂彙報成績給幫助過自己的人、分享成長喜悅。這樣不利於增加自己的「貴人運」。

我是從事經營社群的人，如果有社群成員跟我分享他獲得的成績，我會很開心，會更容易記住他，也會更欣賞他。

看，我就是這麼現實。（笑）

還有，你不僅可以分享喜悅，如果對方有需要，你還可以分享自己的經驗、方法。

你不僅讓對方高興，還讓他受益，這是很加分的。

增強貴人運的四個建議

1. 別人幫助你，要記得，要感恩；如果別人拒絕你，也很正常，別糾結，別抱怨，別說一些難聽的話。
2. 不要只是想著遇貴人，你也要成為別人的貴人。互為貴人，關係才能長久。
3. 不要讓別人提防你。例如，如果你無法保守祕密，就很容易讓人有防備心。
4. 被重視、被鼓勵、被誇獎、被理解、被支持、被需要，是你希望得到的，也是別人希望得到的。

有關貴人

每天至少為一個人
提供價值

掃描條碼關注微信官方帳號，
輸入中文簡體字「**贵人**」，獲取神祕錦囊

【實踐筆記】

第 10 章

團隊

打造極具戰鬥力的小團隊

定位清楚，成長速度就會快

跟我一起做事的人，必須要有自己的定位，並且要不斷地學習、實踐、分析、分享，努力提升自己的專業能力。

我們團隊有一個年輕女生，一開始，她對自己的定位並不清楚。

經過梳理後，她找到了自己的定位——經營社群團隊的專家。

有了這個定位之後，她對自己帶團隊的要求更高了，為此她專門花了人民幣四萬多元去學習領導力的課程。

她不僅自己成長得很快，還帶動了其他人和她一起進步。

定位清楚後，注意力會更聚焦，自我要求會更高，成長速度會更快，大家也能把工作做得更好。

從「五心」挑選可靠的夥伴

選人，首先要看一個人做事是不是一直都很可靠。

偶爾可靠不難，但一直都很可靠就很難得了。

其次，還要看「五心」。

第一個心，野心。

如果一個人野心不足，對自己的要求和期待自然就不高，你怎麼能奢望他可以獨當一面、出類拔萃？

第二個心，平常心。

如果一個人情緒波動太大，遇到事情容易慌張、生氣，承受不了太大壓力，他不僅自己做不好事，還容易為其他人帶來不良影響。

第三個心，感恩心。

如果一個人不懂得感恩，他很難跟其他人相處，不利於團隊合作。

第四個心，敬畏心。

如果一個人膽子太大，什麼都敢做，不敬畏規則，你敢把事情交給他嗎？這種人，能力再強也不能用，因為破壞力太大了。

第五個心，專心。

如果一個人總是分心，很難靜下心來做事，他很難有所成就。

共同朗讀，凝聚向心力

我們團隊每天上班第一件事就是早讀，大家一起讀我們「剽悍江湖」社群的理念《剽悍十一條》：

我是專家，我是教練，我是富人

我的工作是成就更多老鐵*
大驚喜，強感知
我的內心無比強大
用成績說話
信心比黃金貴一萬倍
我守口如瓶，值得託付
我的表達精準有力
我的戰友非常卓越
我為剽悍江湖感到驕傲
今天就能做到極致

* 「剽悍江湖」社群成員的統稱，意指感情非常好的朋友。

每天下班前，我們還有晚讀，大家一起讀我們的《剽悍誓言》：

我野心勃勃、我無比堅定
我忠於組織、我守護團結
我敞開心扉、我積極溝通
我絕不抱怨、我絕不固執
我絕不鬆懈、我絕不掉隊
我服從命令、我勇爭第一
請你相信我、我說到做到

每天早晚集體朗讀，一方面，可以讓工作更有儀式感，讓大家的狀態變得更好；另一方面，還能讓大家牢記工作原則和理念，確實遵守。

每天復盤，進行反思

我要求團隊成員每天都要復盤，反思當天的所作所為、所學所得，以及遇到的各種問題。

有的人可能會覺得很麻煩，只是在浪費時間。

但事實上，復盤非常有幫助。

一方面，大家可以更知道自己一天到晚都在忙什麼，有什麼收穫，有哪些不足，從而想得更清楚，活得更明白。

另一方面，我要求所有人把復盤的內容傳到團隊群組裡，讓其他人都能看到。這樣做，能促進團隊成員之間互相學習，互相幫助，大家能共同進步。

如果你也在帶團隊，強烈建議你在團隊中推行復盤機制，因為十分有效。

打勝仗是最好的團隊管理

最好的團隊管理，就是帶著大家一起打勝仗。

我們拿過多個平台的第一，每次都是團隊的人一起進行，一起想辦法攀登高峰。過程中，大家想辦法達標，積極思考，努力行動，每個人都成功地鍛鍊了自己。大家的經驗、能力和信心，都得到了提升，也增強了整個團隊的凝聚力。

吃喝玩樂式的團隊管理可以讓大家開心，但效果不一定好。

如果你想加速提升團隊的戰鬥力，一定要帶著團隊去打勝仗，讓大家充分參與，共同前進，共享喜悅。

適當的分潤，讓大家更有戰鬥力

我們團隊成員工作都很賣力。

除了大家自身的職業素養之外，還有一個很重要的原因——分利模式。

天下熙熙，皆為利來。

天下攘攘，皆為利往。

要想讓人幹勁十足，利要給夠。

我們的分利模式是到了一定層級的人，可以負責具體的項目，他的利益跟這個項目綁定，除了拿基礎待遇之外，還能拿到項目的分潤。

事實上，我們的基礎待遇本身就比較高，如果完成了，加上分潤，每年的收入是非常可觀的。

如果你想讓團隊成員具有狼性，就不要只給大家吃草。

狼是要吃肉的，而且還要吃夠，這樣才能更有戰鬥力。

如何讓團隊成員加速成長？

要想讓團隊的某個人成長更快，有三個字非常重要——讓他做。

在我們團隊，我們會不斷創造讓大家執行的機會。

例如，我們會不斷給團隊成員線上和線下分享的機會，讓他們上台，去影響和改變更多人。

例如，我們每隔一段時間就會舉辦線下大會，我會讓團隊成員輪流當大會的主理人，鍛鍊他們的線下營運能力。

例如，我讓團隊裡的兩位成員自己成立公司，獨立帶團隊經營項目，鍛鍊他們的商業經營能力。

讓他做，可以讓他更有成就感。

讓他做，可以讓他在實戰中累積經驗。

讓他做，可以讓他負起完全責任。

試想，如果你的團隊成員一直都只是配合你，你從不讓他們執行，從不給他們獨當一面的機會，他們的成長速度怎麼可能快？

如何增強經營能力？

我們團隊一直在堅持「老帶新」。

在經營社群的同時，我們還會開辦營運學院，招募社群裡想要學習社群經營的人，免費跟我們學經營。

具體操作如下：

1. 申請和篩選。他們要寫申請表，經過篩選後，進入營運學院。
2. 理論學習。進入營運學院後，我們會有優秀的資深營運長幫大家上課，教大家如何經營社群。

3. 參與實戰。只幫大家上課是不夠的，我們還會帶著大家去實際操作——符合條件的學員會直接參與我們社群的經營。

所以，雖然我們全職團隊人很少（除了我之外，只有六個人），但我們能調動上百人一起經營社群，經營能力是非常大的。

老闆是員工的教練

老闆有一個很重要的角色——教練。

教練應該做什麼呢？

激發潛力、鼓舞士氣，在適當的時候提供必要的支援，讓大家能夠順利勝任工作，有效地成長。

只有大家都成長了，團隊才能更強大。

要當好教練，有一種能力很重要，那就是提問能力。

透過提出好問題，你可以引導團隊成員深度思考，從而釐清思路，把事情做好。

如果團隊成員向你求助，你總是直接給答案，甚至是幫他做，等於是在害他，因為你沒有給他認真思考的機會，他得不到鍛鍊，自然很難成長。

另外，如果你想讓人學習某個東西，不要只是讓他去學，還要讓他去教。

由於要教別人，他自然會更努力地去學，而且會學得更好。

否則，教的時候會被問倒。

帶領團隊的七個建議

1. 要有檢查機制。我的助理曾經對我分享過一句話，大意是說，別人不會完全按照你說的去做，除非你會檢查。
2. 發現優秀的人之後，不能只是誇獎他，還要讓他去分享、去幫助其他人進步。
3. 報酬要跟成效掛鉤。不按績效給予獎勵，做得好的人會失望，做得不好的人會被姑息。
4. 要鼓勵團隊成員出去學習，增長見識，不做井底之蛙。
5. 要打造「有話直說」的氛圍，讓大家願意說真話、敢說真話。
6. 要讓團隊的人有足夠多的事情做，千萬不能讓大家太閒了，畢竟很多問題都是閒出來的。
7. 作為老闆，你應該堅信你能幫大家成功，你自己也就會成功。

有關團隊

有三個字非常重要——讓他做

掃描條碼關注微信官方帳號，
輸入中文簡體字「**团队**」，獲取神祕錦囊

【實踐筆記】

第 11 章

社群

經營有強大凝聚力的社群

為什麼要經營社群?

透過經營社群：

你可以跟粉絲建立更深的連接，可以更有效地影響你的粉絲。

你可以凝聚更大的力量，在需要的時候，你的社群可以提供強大的支援。

你可以增加收入，只要能提供好的價值，好的體驗，你就能賺到錢。

你可以跟大家碰撞出更多可能性，探索出新的機會。

……

總之，經營社群，有許多好處，是非常值得考慮的創業方式。

為什麼一定要收費？

我們要記住一句話：錢在哪裡，心就在哪裡。

花錢和不花錢，心態是不一樣的。

花了錢，使用者會更重視，參與度往往會更高。

沒花錢，使用者一開始可能會很熱情，但熱情退得也快。免費的東西，很難被珍惜。

再者，作為經營者，如果不收費，你很難堅持下去。

收了錢，你會更負責。

收了錢，你就有營運經費了，可以提供更好的服務給使用者。

收了錢，你可以去買廣告，吸引更多人加入你的社群。

為什麼要篩選學員？

近兩年，我們社群採取的是申請加入制，大家要先寫申請表，申請通過了，再進入溝通審核環節，通過審核後，才能向我們繳費。

為什麼要這麼做？

1. 確認意願。

願意認真寫申請表的人，至少是真的有意願。這樣的人，往往更認同我們，而且更知道自己的需求。

2. 了解學員。

充分了解學員，才能更有效地服務學員，從而產生好口碑。

3. 減小阻力。

通過審核和溝通，盡可能避免不適合的人進入社群，如此一來，就能減少後續營運的阻力，省去很多麻煩。

如何落實高完成率？

我們大多數舉辦的訓練營都需要打卡*，而且打卡完成率都相當高。以我舉辦的「剽悍行動營」來說，截至二〇一九年十二月，我們已經經營到第十七期了，打卡完成率最高能到百分之九十八點九一。

二十二天，每天都要完成指定的任務——要閱讀大量的資料、要寫文章、還要朗讀自己寫的文章並錄音。

在難度不小的情況下，打卡完成率這麼高，我們是怎麼做到的？

這裡分享五條核心經營經驗：

1. 前置篩選。入營的人都是經過篩選的，他們的意願比較強，配合度比較高。

* 透過微信通訊軟體上的程式，讓完成社群任務的成員可以簽到。

2. 收取押金。我們要收人民幣三百元押金，二十二天，每天都必須按要求完成打卡，只要有一天打卡失敗，押金就會沒收。

3. 充分動員。我們培訓了大量的營運人員，他們會做到充分動員。

4. 分級經營。我們採取的是分級經營制，各「營」、「連」、「排」都有負責人，他們會協助大家，只要發現打卡困難者，就會對其進行提醒、鼓勵、幫助。

5. 勳章制度。我們會設置多種勳章，用於獎勵各種優秀行為，而勳章的多少，決定了參與者的總體排名。

如何讓社群活躍起來？

社群不活躍怎麼辦？

這是很多社群經營者都會面臨的問題。

尤其是長期型社群，往往一開始社群成員都很熱絡，但時間稍微久一點，說話的人就變少了。

我們也經營長期型社群，例如「剽悍品牌特訓營」，這個社群的服務週期為一年，雖然時間很長，但從頭到尾，活躍度都相當高。

怎麼做到的？

我在這裡分享四點心得：

1. 收費比較高。這個特訓營收費上萬元人民幣。由於交了這麼多費用，大家會更重視。

2. 學員擁有很高的能量。我們篩選很嚴格，以二〇一九年的「剽悍品牌特訓營」來說，諮詢報名的約有兩千三百多人，但我們最終只錄取了六十多人（不含續費的老客戶）。能進入這個特訓營的人，能量都是比較強的，因此大家更願意在裡面交朋友。

3. 分享價值高。我會在社群裡不定期地提供高價值的實戰心得；社群每週都會有學員連續分享高價值的內容；一年有四次現場分享會，每次我們都會邀請各領域的頂尖高手為大家做分享。

4. 交流機會多。線上，我們為大家創造了各種交流機會；線下，我們會精心安排活動，讓大家能一起學習，一起相處，產生更多可能性。

如何傳播社群文化？

成熟的社群，都會有良好的社群文化。

我們不僅需要經營自己社群的文化，還要做好推廣工作，才能讓社群文化發揮價值，讓大家價值觀更接近，讓社群更有凝聚力。

我分享五個要點：

1. 新成員進入時，一定要儘快讓他受到社群文化的薰陶。
2. 多寫能代表社群文化的文章，不斷在社群裡推廣。
3. 提煉分析出一些能代表社群文化的金句，讓它們在社群裡反覆出現。還可以把這些金句做成大家願意用的表情包，如此一來，它們出現的頻率會更高。辦線下活動時，也要讓現場多出現這些金句。
4. 選出一些符合社群文化的書籍，讓大家共讀並分享感悟。
5. 讓優秀的人公開講述自己在社群裡的成長故事，且這些故事能體現社群文化。

為什麼要有採訪記者？

經營社群，不能只是埋頭服務，還要認真做好宣傳工作。優質社群都該有採訪記者。

規模大的社群還應該設置採訪組，多安排一些採訪記者。一旦在社群裡發現值得採訪的人，你應該趕快讓採訪記者去採訪，並寫出優質的採訪稿，然後發布出去。

這樣做，被採訪者會很有成就感，會更認同你的社群。同時，還可以讓其他社群成員向他學習。

此外，這些採訪稿是非常好的宣傳內容，你可以透過各種管道將這些文章發布出去，讓更多人看到。如此一來，等於是在為自己的社群打廣告，能吸引更多人來參加你的社群。

關於採訪，有三點需要特別注意：

1. 要確認被採訪者的風評，如果風評不好，就算有不錯的故事，也需要稍做保留。
2. 採訪的時候需要挖掘各種值得寫的素材，還要問與社群有關的問題，例如，社群為被採訪者帶來了什麼價值？

不然宣傳作用就弱了。

3. 不要只是把採訪稿貼在官方帳號、貼文串和群組裡，還要貼在各大內容平台上。

除了線上，更要重視線下活動

想要經營好社群，一定要重視線下活動。

為什麼這麼說？

1. 能增加交流。有句話說得好，「線上聊千遍，不如線下見一面」。社群成員到現場參加活動，彼此交流的效率更高。
2. 更有儀式感。在儀式感方面，線上再怎麼經營，效果也無法比線下好。
3. 累積宣傳內容。線下活動的照片和影片是非常好的宣傳材料，要充分利用。

4. 能促進招募。如果你的線下活動是對外開放的，社群外的人也可以報名參加，他們到了現場體驗之後感覺很好，是不是更有可能報名參加你的社群呢？

5. 創造共同記憶。現場活動能更有效地打造社群成員的共同記憶。可千萬別小看共同記憶的作用，它能幫助我們有效提升社群的凝聚力。

為什麼我從不上台？

迄今為止，我們社群辦過九次線下大會，但我從未上台發言（其實，我連現場都沒去過）。

為什麼？

1. 人各有志。「普普通通做人，轟轟烈烈做事」，這是我追求的活法。

2. 保持清醒。在我們主辦的活動裡，大家一定會恭維我，但我有自知之明，我還年輕，在鮮花和掌聲的圍繞下，難免會浮躁和驕傲，這對我的成長是不利的。

3. 長遠考慮。我的時間和精力有限，能分享的東西也有限，如果一直是我在講，對我們社群來說，並不是好事，甚至可以說很危險，萬一有一天我不講了呢？不斷樹立榜樣，讓更多有精彩故事且想分享的人上台，讓他們被更多人看到，從而影響更多人，這是更正確、更長久的做法。

4. 更吸引人。成就別人就是成就自己，我本人不上台，而是為大家建立舞台，給更多人上台機會，這樣做，可以讓我們的社群更獨特，更有吸引力。

5. 鍛鍊團隊。這樣能更有效提升團隊戰鬥力，即使我不在現場，他們也能辦好活動。他們強了，我就更輕鬆了。

經營社群的八個建議

1. 如果你想將自己的社群經營得有聲有色，一定要培養經營團隊。
2. 不要閉門造車，要多參加一些經營得好的社群，觀察別人是怎麼做的，多向別人學習。
3. 有一句話特別重要：給予足夠成就感，他就是你的人。
4. 如果經營實力不是很好，而且也收不到較多的費用，不太建議做長期型社群。
5. 要充分發揮社群成員的力量。例如在社群中挑選優秀的班級幹部，讓班級幹部承擔一部分經營工作。
6. 群規一定要簡單易懂，還要反復強調，做到深入人心。
7. 策畫社群經營方案時，一定要加入幾個關鍵驚喜點。
8. 要特別注意「好好收尾」，因為結束時的體驗會影響使用者對社群的評價。

有關社群

為大家建立舞台，給更多人上台機會

掃描條碼關注微信官方帳號，
輸入中文簡體字「**社群**」，獲取神祕錦囊

【實踐筆記】

第 12 章

銷售

大幅度提升你的銷售能力

銷售三原則

關於銷售，我有三個原則：

原則一，不輕易出售自己的服務，除非遇到對的人和對的價格。

如果人不對，就算把服務賣出去了，後續也會產生很多麻煩。

如果價格不對，表示雙方對服務的價值沒有達成共識，無論哪一方覺得吃虧了，都不是好事。

原則二，你不是銷售員，你應該是非常懂客戶、能幫客戶解決問題的專家。

原因很簡單——人們更願意相信專家。

如果別人感覺你只是一名銷售人員，你說的話可能都會被質疑，因為他可能會覺得你只是為了成交才講這些話；如果他認為你是一名值得信賴的專家，他就會願意跟你交流，更有可能購買你的產品。

原則三，要讓別人覺得跟你對話是很賺的事情。

例如，你是一名超級暢銷書作者，知名度很高，也很專業，跟你談業務的人，覺得能跟你見面交談，就賺到了。

這種情況下，你會更有主動權，銷售會變得更簡單。

了解顧客的需求，勝算才會高

做產品的時候，你要想清楚產品是賣給哪些人的，能解決他們什麼問題，滿足他們什麼需求？

要做顧客調查，了解他們是不是有強烈的需求，是否真的願意付費。

還要看有沒有競品，競品有哪些優點和缺點，顧客對競品有什麼評價。

產品生產後，不要急著宣傳，可以找一些目標客群進行內部測試，並蒐集大家的回饋意見。

如果你不了解顧客，僅憑自己的臆測開發產品，產品很有可能賣不好。不管你賣什麼，請一定要先進行調查，充分了解顧客的需求與市場的現狀。如此一來，勝算會更大。

你應該有哪些產品？

關於這個問題，不同的人有不同的觀點，我分享我的看法。我覺得，有五種產品是非常重要的。

1. 導流產品。這個產品的作用是吸引別人來關注你。例如我的年度分享，不是免費，就是收費很低，每年都可以吸引很多人來關注我。

2. 入門產品。大家關注你之後，如果你一開始就賣很貴的產品，很多人會被嚇跑。

那怎麼辦呢？你要做入門產品，價格不高，價值不錯，讓更多目標顧客體驗你的產品和服務，從而更加了解和信任你。我們的「剽悍行動營」，就是入門產品，早鳥價人民幣九百九十九元，正式價人民幣一千兩百九十九元。一般情況下，大家都負擔得起。

3. 中端產品。有一部分人體驗了入門產品後，會想要更好的產品。還有一部分的人，看到入門產品的宣傳，覺得不能滿足自己的需求，他們需要更好的產品。

怎麼辦？

你要有中端產品，中端產品比入門產品價格更高，價值更大，利潤往往也比入門產品高很多。

我們二〇一九年經營的「剽悍牛人進化營」就是中端產品，早鳥價人民幣五千元，正式價人民幣七千元。充分地滿足了一部分人的需求。

4. 高端產品。總有一小部分的人，付費意願強烈，消費能力也很強，對服務有更高的要求，你可以用高端產品來滿足他們。

這一部分顧客人數會比較少，但是為你帶來的價值卻非常大。我們的「剽悍品牌特訓營」就是高端產品，收費上萬元人民幣，人數控制在一百五十人以內。人雖然少，這群人聚在一起，成長的動力非常大。

5. 超級VIP產品。這是最高端的產品，門檻非常高，顧客品質也會特別高，服務水準也是最高的，雖然銷量會很有限，但是對你來說卻特別重要，因為這代表了你的「江湖地位」。畢竟，把產品賣得特別貴，且持續有人願意付費，不是一般人能做到的。

我的線下高端課以及諮詢，就是屬於超級VIP產品，收費至少在六位數。雖然服務的人很少，但很容易有成功案例，對我的品牌知名度有關鍵影響。

以上，僅供參考。

我是如何學銷售的？

關於如何學銷售，我有三招。

第一招，多看別人的廣告。

我會研究高手們是如何打廣告的，觀察他們的廣告是如何打動我的，為什麼能讓我產生購買欲。

第二招，多接觸銷售人員。

遇到銷售人員，如果覺得這個人銷售方式很不錯，我會多聽聽他是怎麼講的，甚至還可以加個好友，觀察他平時是怎麼貼文、怎麼推銷的。

也許你覺得這樣做是在偷學，其實並不是，就算不能幫他貢獻業績，但我可以發紅包給他，而且，認識我這麼有趣、有內涵的人，對方一點都不吃虧。（笑）

第三招，多被別人成交。

我會專門去一些地方體驗完整的「被成交」流程，並不斷分析別人的做法和自己的心理變化。

這對提升自己的成交能力，很有幫助。

產品好，要讓顧客來說

如果只有你自己說產品很好，這是遠遠不夠的。別人可能會認為你是「老王賣瓜，自賣自誇」。如果有很多顧客說你的產品好，宣傳效果就會更好。

我們要多蒐集顧客評價，還要多挖掘顧客與產品的故事。取得顧客授權後，我們要把這些顧客見證的內容「大肆」傳播出去，讓更多潛在顧客看到。

在這裡，我要提醒一點，宣傳的內容一定要真實，不能編造。謊言一旦被揭穿，你會很難堪，而且會失去很多人的信任，得不償失。

為何別把顧客當老大？

很多人在銷售時，會把顧客當老大一樣對待，用盡一切辦法去討好顧客。顧客說什麼就是什麼，能遷就的一定遷就，不能遷就的也想辦法遷就。

這是不對的。

這樣做，你很難得到尊重，顧客也可能會因此看不起你。而且，一旦顧客習慣當老大，習慣提各種條件，你就很難滿足他，你會很累。

你要記住，你和顧客的關係是平等的。你是去幫助顧客，如果他買了你的產品，他的問題將得到解決，他的需求將被滿足，甚至是超出預期的滿足。

不僅如此，我們還應該讓自己更強大，讓自己有資格去挑顧客。

不要覺得這是妄想，是天方夜譚，實際上很多人已經做到了，而且做得很好。

如果你之前連想都不敢想，那麼現在可以想想，你會發現自己更有奮鬥的動力。

為何要重視少數人？

我發現一個很有趣的現象——在我們社群裡，百分之十的人對社群的貢獻，遠大於另外百分之九十的人。

那我們是不是應該對這百分之十的人更好呢？

是的！

也許你會覺得，對待客戶，應該一視同仁。

但我勸你千萬不要實施平等待遇，對於貢獻大的人，你必須對他們更好。因為這些人提供更好的待遇，對你的事業發展會有更大的幫助。

因為，他們往往更認同你，更願意支持你；他們往往能力更強，更容易成為你的成功案例；他們往往更願意回購你的產品，更願意把你的產品推薦給其他人。

為什麼要重視通路？

我發現有些平台，每次推出新產品，在還沒打廣告的情況下，銷量就很不錯了。

他們是怎麼做到的？

答案是，他們的銷售通路建立得很好。

你不要一直想著，只要把產品做好，單靠自己推廣，就能大賣。

事實上，就算是蘋果公司這樣的巨無霸，也要跟通路商合作。

你平時可以多留意適合做通路的人和平台，建立起通路體系，這樣可以讓你的生意做得更大。

值得注意的是，客戶其實也是通路之一，他們往往更認同你的產品，更懂你的產品，跟他們合作，交流成本也會比較低。如果某些客戶剛好有做通路的意願和能力，你可以把他們發展為通路商，大家一起努力，共同致富。

為什麼要辦宣傳講座？

無論你的廣告打得多好，始終都會有一部分顧客猶豫不決。怎麼辦？辦宣傳講座。

線上和線下的宣傳講座，可以讓顧客更了解你和你的產品，可以消除他們心中的疑慮，從而提高產品銷量。

辦宣傳講座，有三個部分特別重要。

1. 宣傳演講。

需要有專人去為大家介紹產品，時間不要太長，一定要重點講顧客真正關心的內容。

有人可能會有這樣的疑問——廣告上不是有產品介紹嗎，為什麼還要講這些？

事實上，有時候你以為自己寫得很清楚，但別人就是看不懂，而且很多人是不會認真看廣告的。

客戶可以省事，但你不能偷懶。

2. 見證。

邀請一部分忠實顧客，跟大家分享他們與產品的故事，他們的使用心得、收穫與改變等。這樣做，有助於增加顧客對你的信任。

3. 解惑。

顧客可以針對產品提問，由專人負責回答。

這部分工作做好了，可以消除一部分人心中的疑慮，有效地促進轉換率。

另外，除了做好前述這些工作，你還要給大家一個參加宣傳講座的理由。有一種做法非常值得參考——告訴大家你會在宣傳講座中分享高價值的實用方法（主題要提前告知）。這樣的話，大家來參加宣傳講座的意願會更高。而且，分享的內容越好，越容易贏得大家的好感，這對促進轉換率也很有幫助。

提高銷售的七個建議

1. 成交時要熱情，成交後要更熱情。
2. 不要為了成交而誇大產品的功能和效果，也不要對客戶許下兌現不了的承諾，不然後續你會很麻煩。
3. 銷售失敗沒有關係，當作修煉。面對失敗，我們真正需要做的，就是從中學習。
4. 不要看到推銷就封鎖。如果別人確實很會賣產品，你為什麼不能研究他的方法，好好學習呢？
5. 要多思考你的目標客群在哪裡。例如，你從事小學數學補習班老師，可以去小學作文培訓機構找人交流，他那裡有你的目標客群，你這裡也有他的目標客群，為什麼不談合作呢？
6. 不善言辭沒關係，多練就好了。
7. 產品要夠好，你要夠真誠。

有關銷售

人們更願意相信專家

掃描條碼關注微信官方帳號，
輸入中文簡體字「**销售**」，獲取神祕錦囊

【實踐筆記】

第 13 章

品牌

讓你的個人品牌越來越貴

走不同的路，成功機率會更大

有句話說得好「與其更好，不如不同」。

如果你的策略跟競爭者都差不多，想要在顧客心中脫穎而出，難度就很高。

你需要認真思考自己的差異化優勢。

例如，你是一位演講培訓師，在當地有很多競爭對手。如果拼知名度，或許有人已經出過幾本書，也上過電視，在這方面比你強太多；如果拼顧客滿意度，大家都會說自己好評如潮，有的人甚至還會撒謊編造，反正無從考證。

那怎麼辦呢？

你可以讓自己的定位更明確一點。例如，你可以專做青少年演講培訓，或者企業家演講培訓。定位明確之後，你在當地的競爭對手一下就少了很多，甚至可能沒有競爭對手。

很多時候，我們沒有必要去跟別人擠窄門。走差異化路線，成功的機率會更大。

我們應該「晒」什麼？

在網際網路時代，我們要學會「晒」。

這個「晒」，不是晒太陽，而是展示。

有些人會在社交媒體上晒自己的物質生活。

有人覺得這樣做可以展示自己的實力，從而讓更多人跟隨。

我不否認其作用。但我認為，這樣做的壞處也很明顯。

大多數人看到你很有錢，過得特別奢華，並不會為你感到高興，而是會「羨慕嫉妒恨」。請注意這個「恨」字，很可能你晒得越多，積累的「恨」也就越多，這是多麼恐怖的一件事！

那我們應該晒什麼呢？

我們可以晒自己的心得體會，晒自己的專業見解，晒自己讀過的書。

我們可以晒優質客戶。

我們可以晒自己是怎麼幫助客戶解決問題的。

我們可以晒客戶的成長、客戶的評價。

晒這些，你的個人品牌會更有吸引力。

我們最應原創什麼？

在打造個人品牌的路上，我們千萬不要變成搬運工。

什麼是搬運工？總是搬運、整理別人的東西，而沒有自己的原創。

有人可能會說，人類歷史發展至今，要原創一個觀點，就算是一個很傑出的觀點，都是非常難的。

那怎麼辦？

其實，每個人的經歷都是獨一無二的，也一定是原創的。

你最有可能也最應該原創的，是你自己的故事。尤其是你不斷突破自我，取得優異成績的故事。

這些故事，能為你的個人品牌大大加分。

哪句話讓我獲益良多？

有一句話，讓我獲益良多，徹底改變了我的經營策略。

哪句話？

「高明的教練，會篩選能成功的人，讓他更成功」這是什麼意思呢？我舉個例子你就明白了。

例如，你是一個品牌顧問，專門幫企業提升品牌形象。

如果你不篩選客戶，一直服務一些很容易失敗的客戶，那麼你將不斷累積失敗案例，你的口碑會越來越差，越來越沒人找你，最後你可能就沒生意了。

如果你很挑客戶，只服務確實很有前途的客戶，那麼你的成功案例會越來越多。你的口碑會越來越好，找你的人會越來越多。收入也會更高，你會更有資格挑選客戶，從而形成良性循環。

不要什麼錢都收，不要什麼客戶都服務。

太多人不懂這個道理，結果在做事的過程中困難重重。殊不知，很多困難其實是可以避免的。

是更貴還是更便宜？

我們辦公室有一幅字，上面寫著「我們很貴」。

這是為了提醒我們，在做決策的時候，一定要想一個問題——

這樣做是讓我們的品牌變得更便宜了，還是更貴了？

如果會讓我們的品牌變得更便宜，那就不行，必須換方案。

如果會讓我們的品牌變得更貴，則可以好好考慮。

具體該怎麼理解呢？舉兩個例子：

第一個例子，

你辦一個活動，來的都是你的ＶＩＰ客戶，但是你請的嘉賓知名度都不高，現場的布置很簡略，你為大家準備的伴手禮也很隨便，晚宴在一個非常普通的餐廳舉辦，餐點味道也不怎麼樣。

那麼，在這些ＶＩＰ客戶心中，你的品牌是變得更貴了，還是更便宜了？

肯定是更便宜了。

第二個例子，你很挑客戶，你服務的客戶都是一些頂尖人士，有的還是特別知名的人物。你不斷提升自己的服務水準，讓客戶特別滿意，讓很多競爭者望塵莫及。

這樣做，你的品牌自然會變得更貴。

為自己的品牌找一個金句

我曾經向一些忠實讀者提出一個問題：「你能說出多少我寫過的句子？」

實際情況是，能說出十句以上的讀者非常少。

有的還會張冠李戴，說出一些我並沒有寫過的句子。

我寫了這麼多文章，裡面有上萬個句子，這些忠實讀者，為什麼只記得這些而已？

我一開始有些詫異，然後意識到，這很正常。

當年李白寫了那麼多首詩，有幾個人能一口氣背出五首來？

我就背不出來這麼多。

不要奢望大家能記得所有內容，我們在做宣傳的時候，一定不能貪心，想清楚要重點宣傳哪一句話，並讓這句話跟自己的個人品牌綁定。

最近兩年多，我就是這麼做的。

我一直在我的官方帳號宣傳一句話：「讓自己變得更好，是解決一切問題的關鍵」。

實際效果是，這句話成了很多人的座右銘，很多人一想起我就會想到這句話，很多人一看到這句話就會想起我。

達人的推薦有助品牌曝光

我一直提倡見達人，在前面的文章中我也提到了見達人的諸多好處。

其實，見達人還能幫助你打造自己的個人品牌。什麼意思呢？

你去見達人，如果覺得對方個人品牌做得很不錯，你就可以學習他打造品牌的方法。

你去見達人，其實也是在銷售你自己，現場面對面交流更容易讓達人了解你，甚至信任你、欣賞你。

如果你確實比較特別，有些達人還可能會把你的故事寫出來，讓你被更多人知道。

最近幾年，我持續見了很多達人，其中有不少人把我的故事寫進他們的文章裡，為我帶來了大量粉絲。

為什麼要註冊商標？

我們一定要注意保護自己的品牌，註冊相關的商標。

不然，一旦知名度提高，你會遇到很多麻煩。

例如，有一些做自媒體的人，沒有及時註冊商標，結果名稱被別人搶先註冊了，最後自己還被告侵權。你說糊塗不糊塗？

註冊商標其實很簡單，而且並不貴，這種事千萬不能省。

只要你覺得以後可能用得上的商標，都要提前註冊。

另外，如果你想經營好自己的品牌，我建議你去約見一些相關的法律專家，了解自己到底應該做哪些準備，需要注意哪些方面，避免以後吃虧。

做第一有什麼好處？

世界第一高峰是？

聖母峰。我相信這個答案你會脫口而出。

那世界第二、第三、第四高峰呢？可能很多人就不知道了。

有很多知名品牌會請各種賽事的冠軍代言。可是，卻很少有品牌會請亞軍拍廣告。

雖然亞軍跟冠軍只相差一個名次，但待遇就會差很多。

看吧，做第一，就是有不可比擬的優勢。

做第一，更容易被人記住，更容易成為首選，從而讓你的個人品牌變得更有價值。

打造品牌的四個建議

1. 與其講很多方法和道理，不如打造出很成功的案例，並廣泛宣傳。
2. 你不能只追求有多少人知道你、關注你，你更要追求有多少人信任你。損害信任的事情，我們不能做。例如，不要信口開河，不要隨意許下承諾。不然，大家會覺得你很不可靠、不值得信任。
3. 讓特別有分量的人說你好，很重要。
4. 做品牌，不僅要重視視覺，還要重視聽覺。例如，我經常在微信官方帳號文章前面插入一首樸樹的《平凡之路》，也經常在分享結束時唱莫文蔚的《忽然之間》。很多粉絲表示，他們在聽到這兩首歌的時候就會想起我。

有關品牌

我們很貴

掃描條碼關注微信官方帳號，
輸入中文簡體字「**品牌**」，獲取神祕錦囊

【實踐筆記】

第 14 章

冠軍

運用冠軍策略吸引好機會

為什麼一定要克制？

想要拿第一，我們平時一定要非常克制。不該花時間和精力做的事情，就不要做。我們要儲備力量，等到需要奮發的時候，力量才夠用。

股神巴菲特的合夥人查理·蒙格說：「我能有今天，靠的就是不去追逐平庸的機會。」有些機會看起來好像不錯，但你仔細研究就會發現，其實很多都是爛機會，對你並沒有太大的幫助，卻需要你投入大量的資源。

如果你總是很容易就被人說服，總是輕易出手，你會浪費很多資源，甚至錯過真正的好機會。

我拿過幾個平台的第一，每次在「開打」前，我都會問自己三個問題：

1. 這個平台的調性是不是跟我比較搭？例如，我平時主要做學習成長類的內容，跑到一個偏娛樂性的平台，其實是不搭的。

2. 平台方是不是特別需要我？如果不是特別需要，那麼，他們很可能不會對我提供特別大的支持，這樣的話，事情就很難快速推行。

3. 有沒有特別強勁的競爭對手？如果平台上面已經充滿了高手，且很多人擁有高流量，有充足的預算，那麼，我很難有勝算。

經過認真分析研究，如果我覺得非常合適，才會選擇在這個平台衝第一。

為什麼要定高目標？

我每次衝第一，都會把目標定得很高——在該平台，我一定要遙遙領先，一騎絕塵。

例如，二〇一六年十二月，跟知識付費平台「一塊聽聽」合作時，我定的目標是十萬人購買我的分享（定下該目標時，該平台的最高紀錄是八千多人）。最後，在分享當天，購買人數為六萬五千人。這場分享到現在都一直有人購買。截至目前，付費人數已突破十一萬。

例如，二〇一八年九月，跟果殼旗下的「飯團」平台合作時，我定的目標是十萬人訂閱我的微專欄（定下該目標時，該平台最高紀錄不超過五萬人）。一個月內，訂閱總人數突破十二萬。

還有，二〇一八年十二月，跟唯庫旗下的「有講」平台合作時，我定的目標是二十萬人收聽我的分享（定下該目標時，該平台最高紀錄不超過十萬人）。等到分享開始時，總參與人數已突破十七萬。

為什麼要定高目標呢？

如果目標定得低，我們的努力程度會大打折扣，成績自然也就不會好。

如果定下高目標，大家會更賣力，最後就算沒實現原定目標，結果也不會太差。

為何再次提到社群？

曾經有朋友問我：「為什麼你的微信官方帳號閱讀量不高，卻能多次成為第一？」

答案很簡單——社群。

一方面，我自己做社群。我們社群裡的人都是經過篩選的，學員能量和凝聚力都比較高，在我需要幫助的時候，很多人會與我並肩作戰，努力幫我推廣。

另一方面，我花時間參與了一些社群。這些社群裡面有不少人會在關鍵時刻提供極大的幫助給我。

如果沒有來自社群的支持，我的推廣力量就很有限，想要拿第一就會很難。

一群真正團結的人，就算人數上不占優勢，但做起事來，其力量要比一群數量很大的「散兵」強得多。

為何要重視排行榜？

辦活動時，如果有排行榜，大家的參與度會比較高。

以二〇一八年十二月我跟唯庫旗下「有講」平台的合作為例。

我要在這個平台做一場年度分享，目標定得很高——二十萬人來參加。

當時壓力很大，因為我和平台方都沒有做出過這樣的成績。

為了實現這個目標，我們認真探討了具體的方案。

其中一個辦法就是，設置影響力排行榜，按照推廣人數的多寡來排名（不僅有排名，還會即時顯示推廣人數），到了截止時間，排名前五十的人將獲得獎勵，且排名越前面，獎勵越好。

例如前二十名會獲得平台頒發的影響力認證證書，第二名能獲得價值人民幣十萬元的微信官方帳號廣告版面，第一名能獲得價值人民幣六十萬元的課程策畫及推廣機會。

這樣就會刺激很多真正有實力的人參與。最後，第一名竟然帶來了四萬多人，第二名帶來了兩萬四千多人，就算是第五十名，也帶來了近四百人。

對手很強大怎麼辦？

如果對手很強大，你跟他在同一個賽道比拼，根本就沒有勝算，怎麼辦？很簡單，換賽道。

例如，在某知識付費平台，排名第一的是一位重量級人物，而且第二、第三、第四也都非常知名，以你現在的實力，還無法贏過他們。思來想去，你突然意識到，既然當不了平台總排名第一，那能不能做某項分類的第一呢？

於是，你花了幾個小時認真研究整個平台，結果真的找到了一個分類，上面沒有強勁的競爭者，而且以你累積的實力，可以在這個分類裡開一堂品質不錯的課。

接下來，你用心策畫了一堂課，上線之後全力推廣，最後成為該分類裡遙遙領先的第一。

雖然跟重量級人物有很大差距，但此時，你還是可以說自己是第一，是該平台某項分類的第一。

你看，這樣做既避免了跟重量級人物直接競爭，又拿到了第一，不是很好嗎。

如何向第一名學習？

想要做第一，就必須向各種冠軍學習。

在這個世界上有無數個第一，所以，我們從不缺學習對象。

我們要深入研究同領域的第一（事實上，排在前面的都值得研究），了解別人是怎麼做的，為什麼會做得這麼好，有什麼是值得自己學習的。

我們還要大量接觸其他領域的第一，充分打開自己的視野，讓自己的思維更開闊。

例如，我會在「大眾點評」上看各種排行榜。

我會挑一些排名第一的店，去研究他們的店名、產品圖片以及使用者對他們的評價等內容。

我還會去消費，觀察到底哪裡好，有哪些地方能打動我。

我有時還會跟工作人員聊天，了解一些具體情況，因此，我結交了許多店長、經理等，跟他們成為朋友，互相交流學習。

你該有什麼樣的心態？

成為第一之後，你會很高興。

但你要記得，「戒驕戒躁」不是一句口號，是必須執行的原則。

對於過去的事情，你應該好好復盤，分析經驗，讓自己變得更有智慧。然後，儘早從喜悅中走出來，去做你該做的事。例如，好好累積實力，為下一次成為第一做準備。

如果別人恭維你，你要明白這是好事，因為你得到了認同；你還要知道這也是壞事，一旦你太看重它，沉浸在驕傲和自滿中，你的戰鬥力會大受影響。

驕兵必敗！

驕兵必敗！

驕兵必敗！

我們要清醒地意識到，成長是沒有止境的，不能讓自己被過去的成就絆住，要向前看，往前走。

如果你開始自滿，建議你走出去看看，你會發現，這個世界上比你優秀，還比你更努力的人非常多。

所以，腳踏實地，繼續努力！

為什麼要服務頂端客戶？

也許你現在做得不錯，但市場競爭十分激烈，比你強的對手很多。

如何才能脫穎而出，讓自己的個人品牌更有吸引力呢？

有一個辦法很有效。

那就是，服務頂端客戶。

我分享兩個例子。

李海峰老師是目前中國DISC人格特質領域的頂尖人物。二〇一九年十一月，他聘請我為成長總顧問，希望我幫助他成為二〇一九年第四屆喜「馬拉雅一二三狂歡節」的第一名。經過評估後，我接下了這個邀請。後來，大家一起努力，一共招募了一萬多人，李海峰老師順利成為總榜第一名。

「樊登讀書」是知識付費領域的頂尖平台。二〇一九年十二月，我成為他們的首席社群顧問，我提出的第一個社群商業企畫，就為他們帶來了數百萬元的營收。

這兩件事，大大提升了我的影響力，找我的人也越來越多。

上班族應該怎麼做？

有人可能會覺得，自己只是一個普通上班族，冠軍思維跟自己沒有關係。錯了。

如果你能成為工作中的冠軍，你將得到更好的機會，獲得更多的回報。

例如，你在某方面是公司裡的翹楚，主管遇到這方面的問題，是不是更容易想到你，你是不是會有更多的表現機會？

還有，如果你想在某方面變得很厲害，並且讓自己獲得有力的背書，你是不是可以想辦法加入一個行業的冠軍公司？

在這樣的冠軍公司裡，你不僅能快速成長，而且更容易獲得外界的認同。

成為冠軍的五個建議

1. 累積人品。平時多付出，在關鍵時刻，你累積的人品會帶給你很大的幫助。
2. 要敢想。如果你連想都不敢想，你怎麼可能成功？
3. 搶占心智。你不僅要成為第一，你還要想辦法讓更多人知道你是這方面的第一。
4. 價格第一。有時候，你很難做到綜合實力第一，但你可以做價格第一——最貴，這也能幫你更有效地脫穎而出。（前提是你提供的價值要高於價格，不能漫天要價）
5. 成為唯一。在你的行業裡，有些領域競爭非常激烈，而有些領域還沒人經營，你要是經營了，就成了行業裡這個領域的唯一。要知道，唯一，也是第一！

有關冠軍

在這個世界上有無數個第一，
所以，
我們從不缺學習對象

掃描條碼關注微信官方帳號，
輸入中文簡體字「**冠军**」，獲取神祕錦囊

【實踐筆記】

【實踐筆記】

第 15 章

賺錢

有效提高自己的賺錢能力

你見過多少個富人？

想要多賺錢，有一點很重要，那就是多接觸在財富上有成就的人。多跟富人打交道，觀察他們的言行舉止，跟他們深入交流，被他們影響。接觸的富人越多，自己成為富人的可能性越大。

曾經，為了在財富上有所突破，我想辦法找到一些富人，專門花很多時間，跟他們一起學習、一起相處。

說實話，我真的大開眼界。跟他們在一起，我一點浮躁驕傲的機會都沒有，反而變得更謙遜了。畢竟，與他們相比，我還有很大的進步空間。

除此之外，我還有三大收獲：

1. 看到更大的世界後，我更有賺錢的動力了。
2. 學會如何讓金錢為自己服務。

3. 更加清楚什麼錢好賺，什麼錢不好賺。

你為什麼要像富人？

如果你看起來像一個富人，將會有更多的人願意跟你交流，願意跟你合作，願意給你機會。

若你還沒變富有，請先讓自己像一個富人。

該怎麼做？我分享三個要點：

1. 你要多讀一些著名富人的傳記，看他們的訪談影片。
2. 你應該學習富人的思考方式，用富人心態、富人思維替自己心理建設。
3. 你要改變自己的氣質，讓自己看起來具有「富人氣」。氣質，是可以透過訓練提升的，一開始你可能會不習慣，時間一久，就很自然了。尤其當你接觸的富人多了以後，你的氣質也會發生很大的變化。

你找到對的人了嗎？

這裡指的是，找到「缺你」的人。

跟大家分享一個我的故事。

二〇一九年春天，我去外地參加培訓。第一天課程結束後，我請幾個同學一起吃晚飯，其中一個人是某傳統行業的老闆，在當地開了十幾家店。

席間，大家暢所欲言，我也分享了一些觀點。

第二天，這位老闆跟我說，他昨天沒睡好，一直在想昨天晚飯時我說的話，覺得我很厲害。然後，他請我吃飯，請我唱歌，並找各種機會跟我聊天，還帶著團隊跟我一起聊。

他表示，我講的東西對他們非常有用，有醍醐灌頂的感覺。

其實，我並不覺得自己講的東西有多精彩，很多都是我平時常講的內容，並沒有什麼特別之處。

但對他來說，卻如獲至寶。

分享這個故事，我想說的是，很多時候，不是你的東西不值錢，而是你沒找對客戶。

如果你是靠講課或者諮詢賺錢的人，你講的東西到底值不值錢，取決於聽你講話的人缺不缺你講的東西。

如果不缺，你講得再好，對方也不會覺得有價值。

什麼能力特別值錢？

能把一群有實力的人聚在一起，讓大家互相影響，互相連接，共同成長，這是很值錢的能力。

一方面，這個環境本身就很值錢。

另一方面，這個環境裡還可以有其他的可能。

例如，你是不是可以在裡面賣產品？只要東西夠好，剛好大家也需要，是不是有可能促成交易，你是不是就能賺到錢？

例如，你是不是可以在裡面銷售更貴的社群？只要價值夠高，還是會有人願意付費。

還有，如果裡面有人有好產品，你是不是可以考慮與他合作，一起賺錢？

關於聚人，有四點非常重要：

1. 你本人要有說服力，要能為大家提供價值。

2. 你要認真篩選人員，如果人不對，會很麻煩。
3. 不管你用什麼方式賺錢，都要確保該方式對別人是有好處的，切忌讓人吃虧。
4. 要想辦法促進大家互動，讓更多人在裡面交到朋友，找到機會。

你做的事離錢近嗎？

先分享兩個真實案例。

我有一個一九九六年出生的朋友，大專畢業，之前在北京的一家咖啡店上班，月薪人民幣三千元，生活壓力非常大。

後來，他進入家教業，主要教小學數學，認真踏實地教，不到一年的時間，就成為月入人民幣近兩萬的家教老師。

還有一個朋友，她之前從事的是成年人英語口語培訓，做了很長時間，並沒有太大的突破。思考再三，她回到家鄉，開始做英語家教，專門指導中學生如何提高英語考試成績。

有一次，她在群組裡說，自從她幫助學生的成績大幅進步之後，出現了家長排隊交學費的情況。

有時候，你之所以賺不到錢，可能是因為你做的事情離錢太遠了。

那怎麼判斷自己所做的事情是否離錢近呢？

很簡單，你要看是不是有人需要你的產品和服務，而且願意付錢。例如，本文提到的「家教」就是離錢近的事。

為什麼？因為學生很需要，家長也很願意為此付錢。

資源不夠時怎麼辦？

想做事情，但是資源不夠怎麼辦？你需要想想，誰手上有你需要的資源。還要想清楚，你能提供給對方什麼價值，讓他願意和你合作。

例如，你知道A手上有不少客戶（這是非常核心的資源），但是他缺乏經營能力，不知道怎麼變現。

剛好你懂經營，而且還有可靠的團隊。你可以去跟A談，看是否能跟他合作，你幫他經營，大家一起賺錢。

如果A同意了，你就有資源了，可以發揮長才，順便賺到一筆錢。

假如你這次做得很好，你就有了成功案例，可以吸引更多人跟你合作。

很多時候，我們不一定要等自己累積足夠資源才開始行動，只要你能找到有資源的人，並洞察別人的需求，提供別人想要的價值，你就可以跟別人談，若是能合作，資源就到位了。

為什麼要成為專家？

如果你只是一個普通人，你很難得到機會，你的時間價值也會被低估。

你應該找到一個領域，透過學習、實踐、分享，努力成為這個領域的專家，這樣的話，你將得到更多機會，你的時間也會更值錢。

走專家路線，會讓你更容易脫穎而出。

如果你已經有了一定的影響力，但還沒有專家身分，也要儘早成為專家，就算以後你不「紅」了，只要你能真正幫人解決問題，一樣會有人拿著錢來找你，這才是長久之道。

一開始，我只是個稍有影響力的作者，願意出高價找我的人很少。後來，我深耕社群領域，並不斷提升自己的專家品牌，願意出高價找我的人就變多了。待遇真的差別很大。

我們不要賺哪些錢？

作為一名顧問，我有六不服務：

1. 把我當救命稻草的人，不服務。這種人容易急功近利，並且會帶給我巨大的壓力。
2. 價值觀合不來的人，不服務。如果價值觀差得太遠，大家交流起來會很累，很難愉快地合作。
3. 行動力不強的人，不服務。有些人，從我這裡得到建議，表示一定會去做，但過了一段時間，卻沒有任何動作，也不跟我說明原因。遇到這種情況，我的做法很簡單，就是不再提供服務。行動力跟不上，給再好的點子也是白費。
4. 風險大的專案，不服務。例如，該項目的法律風險沒有解決，或者創始人風評不好，就算眼前有機會拓展事業也不能接。一旦出事，很容易被連累。
5. 成功機率低的專案，不服務。經過調查後，如果我覺得專案很容易失敗，我是不會接的。一方面，別人很可能會白花錢；另一方面，還會影響我的口碑。

6. 我服務不了的專案，不服務。有的專案確實很好，但我綜合考察後，認為自己確實沒辦法提供有效的幫助，這種情況下，我會直接告訴對方，這件事我沒辦法幫忙。有些時候，要是勉強進行，很容易把別人的事情搞砸，到時候害人害己，就不好了。

何謂超級賺錢祕密？

我直接告訴你答案——

讓自己成為一個具有思想魅力的人。

這是很多高手的超級武器。

如果你是一個充滿思想魅力的人，你將更容易吸引很多人，賺錢也會變得簡單很多。

那什麼是思想魅力呢？

簡而言之，就是你所分享的東西（例如你所講的話，你所寫的文章）呈現出來的思想，對別人產生的吸引力。

我見過一些作者，相貌並不出眾，其他條件也沒有特別之處，但特別具有思想魅力，跟他們聊天，很容易就被他們的言談征服，如果他們想要推銷產品，效果一定比普通人好，賺錢也會更容易。

那我們該怎麼提升自己的思想魅力呢？

我覺得有四點特別重要：

1. 多讀好書，多見有思想魅力的人。
2. 多寫多講，並尋求回饋，不斷改進。
3. 多了解客戶，清楚客戶的需求。
4. 多打造成功案例，成為有說服力的人。

賺進財富的六個建議

1. 不要害別人，要知道，害別人就是害自己。
2. 不要一直想著走捷徑，凡是太容易賺錢的事，都要小心，尤其是一些拉人頭的事業。如果真的這麼好賺，別人為什麼要拉你加入？他自己默默賺錢不就好了嗎？
3. 個人基本能力太差是很難賺到錢的，一定要努力提升自己。
4. 有客戶的人，更有話語權，更容易賺錢。
5. 不要一直想著自己如何賺錢，如果你能幫別人賺到錢，別人也會願意給你錢。
6. 要多分享，還要擅長分享，你能讓別人接受你的思想，你才更有可能讓別人付費給你。

有關賺錢

讓自己成為一個具有思想魅力的人

掃描條碼關注微信官方帳號，
輸入中文簡體字「**赚钱**」，獲取神祕錦囊

【實踐筆記】

第 16 章

寫書

讓寫書這件事變得更容易

為什麼要寫書？

從功利的角度來講，寫書可以獲得名聲，有了名聲，就更容易賺到錢。這一點對於絕大多數人來說是很有吸引力的，包括我在內。

但你以為這就是全部嗎？遠遠不是。

對於我來說：

寫書，能幫助我好好地梳理自己，讓我更清楚自己想要什麼，不想要什麼。在寫書的過程中，我找到了接下來的發展方向。

寫書，確實是一種鍛鍊。經過這段時間的磨練，在寫作這件事上，一方面，我寫東西的速度快了很多；另一方面，我也比以前更細心了。

寫書，讓我終於有了一部個人成長教材。之後，我可以用它來幫助更多人突破自我。

寫書，其實也是給我們團隊和部分社群成員做示範。他們是參與者，也是見證者，在過程中，他們能學到很多與內容創作有關的經驗，更懂得如何去精雕細琢出一部作品。

寫書需要哪些累積？

如果你想寫書，有四個方面的累積非常重要：

1. 最好是有一定的影響力。如果你有了一定的影響力，出版社很可能會主動來找你，這樣的話，寫書、出書就會變得順利許多。
2. 你一定要有內涵。你要讀得多、學得多、做得多、分析得多。如果你沒什麼內容，寫起來會很痛苦，稍微寫一下可能就寫不下去了。
3. 你平時要多寫一些文章。練得多，寫起來就不會太艱難。如果你之前都沒寫過什麼東西，那寫書對你來說，絕非易事。
4. 對目標讀者要有足夠了解。如果你不清楚自己的目標讀者是誰，你很可能會寫出一本沒什麼人看的書。一些經常寫作並經常能得到讀者回饋的作者，在這方面會更占優勢。

為何我會減少輸入？

我要寫的，主要是自己的故事、經驗、心得、體會，我要做的事情，其實就是往外輸出，不停地輸出。

我之前寫書的時候，特別喜歡翻書，每次都會找好多本書來看，翻多了，腦袋裡的資訊就會很雜，輸出的效果就很不好。寫書的思路也會變來變去，就無法將整件事情順利推進。

這次就不一樣了，在密集寫書的時間裡，我大幅減少了輸入量，儘量少見人、少翻書。果然，輸出的效率就比較高。

為什麼要減少討論？

早有初稿，才能早出定稿。

這句話非常有道理。

之前寫書的時候，我犯過一個錯誤，那就是喜歡跟人討論。一直討論，我的內心就不夠堅定了，會覺得這樣寫可以，那樣寫也可以。一段時間過去了，我卻沒能拿出幾篇真正完整的文章。

這次，我就很少跟人討論了，無論如何，先想辦法儘快把初稿拿出來。

拆解任務，把事情化繁為簡

透露一個小祕密，這本書其實經歷幾次「難產」。

我之前也嘗試想一口氣寫完，但一直沒能如願，有一個很重要的原因是，我不懂得拆解任務。

這一次，我學乖了。

我把這本書的主體拆成二十章，每一章再拆成十篇小短文。

總之，就是要寫兩百篇小短文（最後一共寫了兩百二十多篇，經篩選後，留下了其中的一百七十篇）。

由於每篇文章的字數比較少，所以，單篇文章的創作難度就會降低，於是我就能寫得更快更順。

只要寫，每天十篇是沒問題的，多的時候，我甚至可以連續寫三十篇。

如果不這樣拆解，我在寫書的過程中就會遇到重重阻礙。

就像坐車一樣，道路通暢的時候，距離遠一點也沒關係。

要是遭遇堵車，那就不知道什麼時候才能到達目的地了。

把不擅長的事交給專業的人處理

有句話特別有道理「專業的事情交給專業的人做」。

但我還是在這一點上犯了錯誤。

為了出這本書，我專門請了策畫人，而且還有兩位非常專業的編輯在跟我合作。但在寫書的過程中，我會擔心一些與寫稿無關的事情，浪費了不少時間和精力。

直到有一天，一位老師點醒了我。

她跟我說了一些話，大意是，這些事情又不是我擅長的，擔心這些有什麼用，為什麼不能交給專業的人做？

是啊，我怎麼這麼笨呢？我現在該做的是把稿子寫好，其他事情我不該擔心。就算擔心，我又不專業，自己做的判斷也很難得到保證，所以，我還是別浪費時間擔心了。

想清楚這一點，我如釋重負。

好好寫稿，先把稿子完成再說。

由誰來監督你寫書？

在寫書的過程中，我偶爾也會想偷懶。怎麼辦呢？

找重要的人監督。我是這樣做的：

每寫完一章，我就會在三個非常重要的群組裡彙報。

這三個群組，有一個是我們的核心團隊群，有兩個是我們的高端客戶群，裡面的人對我來說很重要，如果我失信於他們，後果將會很嚴重。

想偷懶的時候，一想到要向大家彙報，我立刻就又有精神了。要是做不到，結果就是「啪啪」打臉，作為大家心目中的「老大」，我豈不是會形象掃地？

還是寫吧，畢竟，我是個愛面子的人。

用這種方式，我克服了惰性，大大提升了自己寫書的行動力。

誰能給你提供回饋？

做事情，回饋很重要。如果沒有回饋，改進將會變得很困難。

這次寫書，我設計了以下的回饋機制：

1. 寫完一章後，我會立刻將該章的十篇短文傳給兩個非常好的朋友。這兩個人非常關鍵，我知道他們會認真看，看完後會及時給我回饋。
2. 我會將一部分內容拿出去展示。我會在講課時用到本書的部分內容，也會把某些內容傳到幾個專業的群組裡。透過這兩種方式，我又能獲得一些回饋。
3. 初稿完成後，我會把它傳給策畫人、編輯、團隊成員，還有其他幾個好朋友。他們也會給我回饋。
4. 很重要的一點，就是我自己會看很多遍。有很多問題，開始寫的時候並沒有注意到，之後再看，就能發現它們了。

你寫書的時候，也要注意設計回饋機制，這對書稿的完成和品質，很有幫助。

我拿什麼刺激自己？

我是用下面這些話刺激自己寫書的：

- 完美主義，往往是懶惰者的藉口。
- 初稿都拿不出來，你還想寫暢銷書？
- 別人都出好幾本了，你還在等什麼？
- 你不是想出很多本書嗎？先把這本出了才會有下一本。
- 寫書是對一個階段的總結，別想太多，好好總結就可以了。
- 如果你自己不寫書，就永遠只能推別人的書。

- 你自己出了書，才更有說服力地勸別人出書。
- 你這麼有智慧，不出本書，真是浪費了。
- 出書是打造個人品牌的基石，不然你會一直覺得少了點什麼。
- 你都三十多歲了！
- 這本書一定會賣得很好，會影響很多人。
- 寫書很累，不寫完，你的心會一直累，快寫！

寫書的六個建議

1. 寫完初稿後，一定要列印出來，這樣更容易發現問題，校對效果會更好。
2. 不要以為寫書就得長篇大論，寫很多，如果你不想寫厚的書，寫一本薄的書也很好。

3. 千萬不能想著一次就過稿。不然，你會很失望的。
4. 內容很重要，書名也很重要，都不能敷衍了事。
5. 保留最有必要寫的主題，那些可寫可不寫的，最好還是不要寫了。
6. 如果你容易放棄，那就想辦法讓自己不要放棄，例如，像我一樣，設置監督機制，讓一大群非常重要的人監督自己。

有關寫書

早有初稿，才能早出定稿

掃描條碼關注微信官方帳號，
輸入中文簡體字「**写书**」，獲取神祕錦囊

【實踐筆記】

Part 3 終極

第 17 章

終極

升級財富和影響力的心法

保持渴望

我渴望有所成就，而且是持續渴望。

有人問，這種渴望是怎麼來的？

我認真思考過這個問題。

來源有二：

一是受家庭影響。我比較幸運，雖然出身於山區農村，但家人一直鼓勵我讀書，鼓勵我走出去，並且持續寄予厚望。受此影響，我一直不甘平庸，渴望自己能出人頭地。

二是受達人影響。一方面，我讀了很多達人的故事，這些故事對我產生很大的激勵；另一方面，我走出農村，到大城市求學、做事，打開了眼界，加上這幾年我見了很多達人，見識到了很多令我特別羨慕的可能性。久而久之，我的「突破欲」越來越強，更加無法接受平庸的生活方式。

對成功的持續渴望，讓我不斷前進，不斷突破自己。

無論你處於什麼樣的環境，無論你狀態如何，如果你不想一生平庸，請一定要守護好你的渴望，它是非常寶貴的資源。

捨得投資

我家裡的經濟條件很差。

二十三歲以前，我從未進過電影院，也沒吃過肯德基、麥當勞。

一直到二十四歲，我才擁有人生的第一台電腦。

雖然窮了很多年，但還好透過家庭教育和大量的讀書學習，我深刻意識到「捨得投資」的重要性。

如果我不捨得投資，很多優質的學習資源與我無關；如果我不捨得投資，別人就不願意跟我相處，不願意給我機會。

所以，我堅定地選擇成為一個捨得投資的人。在我能負擔的範圍內，盡可能地投資自己的大腦和人脈。

這一點對我的幫助非常大，一方面，我能比一般人學得更好；另一方面，我比一般人更能交到優質的朋友，更能遇到貴人。

常被碾壓

我有一個習慣，就是經常去找能在某方面碾壓我的人，跟他交流，感受差距，向他學習。

可能你會覺得，被人碾壓是一件令自己很不舒服的事情。

但那又怎麼樣呢？如果你想要持續高效地成長，你就必須不斷走出舒適圈。

每當我因為被碾壓而感到不舒服或不適應的時候，我就會提醒自己——今天遇到的這個人很厲害，進步的機會又來了，我真幸運！

可能你很喜歡碾壓別人，於是一直跟不如自己的人交流。但你有沒有想過，被你碾壓的人能教你多少東西？

如果你自我感覺很好，覺得別人都不如你，那麼，你要小心了。若不想走下坡，請減少碾壓別人的次數，增加被碾壓的次數，而且還要樂此不疲，這樣做，你的進步速度會快很多。

邊學邊幫

要想學得更好，發展得更快，我們不僅要持續「向上學」——向厲害的人學習，還要不斷「向下幫」——幫助需要我們的人。

為幫助大家容易理解「向上學，向下幫」，我簡單分享一個例子（真實案例改編）。

小林是一名寫作高手，他在二〇一八年做了三件事：

1. 花人民幣兩萬元參加了一個優質的社群。在社群裡，他接觸到很多優質的學習資源，還結交到十幾位學習成長領域的重量級人物，跟他們成為好朋友。

2. 花人民幣五千元，進入五個收費人民幣一千元的社群。他在裡面不斷分享自己的經驗心得給大家，幫助大家解決問題，成了這幾個社群裡頗有影響力的人物，很多人表示都想要跟他學習。

3. 後來，他自己做了一個寫作成長社群，收費為人民幣兩千元。上文提到的那十幾位重量級朋友都受邀成為這個社群的分享嘉賓，並且他們還免費幫小林打廣告，一共幫他招募了一百人。另外，他加入的那五個收費人民幣一千元的社群裡，有一百人付費參加了他的社群。

小林非常厚道，積極回饋幫助過他的人，並且對社群成員非常好，大家紛紛表示非常滿意。

也就是說，小林通過參加六個社群，實踐「向上學，向下幫」，一次就賺到了人民幣四十萬元，還獲得了好口碑。

我這幾年持續見達人，一直在研究達人們的進步之道，發現很多達人就是「向上學，向下幫」的典範，他們用這種方式獲得了非常好的成績。

向上學，提升自己，累積實力。

向下幫，以教為學，吸引客戶。

看懂了，價值就很大。

扛起責任

現在的我，確實要比以前更有自控力。

促成我改變的重要因素之一，就是責任。

我是帶團隊的人，有些事情，如果我自控力不佳，不帶頭做好，怎麼能讓團隊信服？我怎麼帶著大家成長？

我是經營社群的人，社群成員們付費給我，我就必須想辦法提供大家足夠的價值。這讓我在有些方面不得不更有自控力，例如，必須有良好的輸入、輸出習慣，不然我就沒辦法交付已經承諾的各種分享給大家。

我是顧問，我要對我的客戶負責，要是結果不好，不但對客戶無法交代，還會損害我的名聲。

我還要對房東負責，畢竟租了他的房子，我必須按時交房租。（笑）

想想，責任真的不少。

有了責任，就不能活得太任性，尤其是在責任比較重的情況下，讓自己更有自控力，是絕佳的選擇，否則，你就沒有辦法完成責任。

學會挑選

有人草率結婚，沒有好好挑選對象就結婚了，結果婚後發現找錯了人，生活一團糟。

有人隨便交友，輕易就與人交心，動不動就跟人合作，結果，經常被人騙，常常感歎命犯小人。

有人見錢就收，什麼工作都接，什麼客戶都服務，結果，口碑越來越差，生意越來越不好。

其實，很多不好的情況是可以避免的。

學會挑選，很多事情就會變得簡單。

關於挑選，跟大家分享一條我一直在實踐的生意經：

挑選出成功率高的客戶，幫助他們，把大量時間和精力用在他們身上，打造出成功案例，宣傳出去，吸引更多成功率高的客戶。

透過實踐上面這條生意經，我經營的「剽悍江湖社群」美譽大幅提升，越來越多有實力的人加入我們，為我們帶來了很多驚喜。

強烈推薦你也這麼做，因為效果真的很好。

往長遠看

做事往長遠看，能得到更大的好處。

以我們社群的退群機制來說。

我們曾在社群裡發布過這樣的訊息：「我們社群已經經營一段時間了，如果覺得這裡不適合自己，你可以找營運人員辦理退費，不需要說明任何理由。另外，請留下你的地址，我們為你準備了一份小禮物，還請笑納。不退的，沒有禮物。」

不只是退費，還要送禮物，有人可能覺得我們瘋了，這樣做一定會虧本。

從短期來看，似乎是這樣的。

但從長遠來看，我們不但沒虧，還賺了。

你想，如果我們提供的服務跟使用者的需求不符合，還收他的錢，並讓他忍受一段時間的這種「不合」，他會多麼難受，你怎麼能期待他會幫你傳播好口碑？

但我們提出了無條件退款，而且還送小禮物，他們會覺得我們很有誠意，還有可能幫我們傳播好口碑，介紹新客戶。

另外，留下來的這些「給禮物也不退的人」，是真正認同我們的客戶，非常寶貴，我們也會更加珍惜。

帶著這種珍惜去服務這些寶貴的使用者，我們做起事來會更有衝勁，更容易獲得正向回饋，也更容易有好口碑。

這種短期的「虧」，從長遠來看，其實是賺了。

寫你所做

有一些作者特別有魅力。

他們文采並沒有多好，也不跟流行，寫的多是他們自己的實踐故事和實踐心得。

他們自己是實踐者，同時，也在用文字影響別人。雖然文章閱讀量不一定有多高，但他們一旦推出什麼產品（例如課程），轉換率會非常驚人。

因為讀者知道，這樣的作者是言行合一的，非常值得信任。

如果你也寫作，並且想讓自己成為一個更有競爭力的作者，那麼，寫你所做，是一條非常值得走的「捷徑」。

這不僅可以讓你的文字更有說服力，還能逼自己去行動，去做出成績。

若真的堅持這樣做，你的進步速度會很快，你會成為作者中的「少數人」，你將能吸引越來越多的鐵粉讀者。

賺錢，只是順便的事。

每天進步一點點

三年前，我開始每日反省，這個習慣幫我大幅減少了混日子的時間。

最近兩年，我每天都會至少為一個人提供價值，因此，願意幫助我的人越來越多。

從二〇一九年三月開始，我每天做一百個伏地挺身，現在我的身材比以前更強壯。

我之所以選擇這種「日拱一卒」每天進步一點點的方式，是因為我知道自己在許多方面的條件很一般，如果不這樣做，我很難有勝算。

我堅信，就算基礎不如人，只要保持每日精進，總有一天我會脫穎而出。

如果你也希望自己能成為一個厲害的人，不妨找一件值得堅持的小事，每天做。

先不用想結果，因為結果會隨時間的累積而顯現。

終極祕訣

提升財富與影響力的終極祕訣是什麼？我找到了八個字「甘為人梯，近我者富」。

甘為人梯：把自己當梯子，幫他人向上成長。

近我者富：不斷打造成功案例，讓靠近自己的人變得更好。

通過實踐終極祕訣，截至目前：

1. 我們幫助近兩百位優秀的人登上「極致踐行者大會」、「社群商業牛人大會」的舞台。
2. 我們所有的微信官方帳號累計發布了數百篇社群優秀人物專訪和成長記錄。
3. 上百位極具實力的人、數十個知名平台主動聯絡我，希望我能跟他們合作。

毫不誇張地說，做好這八個字，你的魅力將遠超過絕大多數人，很多優秀的人會主動找你，財富自然來，影響力自然有。

附部分成功案例：

我的「DISC人際關係訓練營」在二〇一九年第四屆「喜馬拉雅一二三狂歡節」上線。在確定了衝第一的目標之後，我第一時間聘請貓叔做成長總顧問。他的指導對訓練營的成長有關鍵性的幫助。最後，這個訓練營成為喜馬拉雅總暢銷榜第一名。感謝貓叔。

——@李海峰，暢銷書作者、知名社群創始人，廣州（七〇後）

貓叔是我認識的人中，非常有商業智慧且極致利他的一個人。

我一直在互聯網大公司如喜馬拉雅、網易、阿里巴巴工作，二〇一九年在貓叔的指導下，做了自己的第一場線下閉門會，不到三天，付費人數超過一百五十人。來參加閉門會的人能量極強，有各大知名平台的知識付費部門負責人，還有各行各業的優質內容生產者。

這次閉門會，對我，以及對於整個行業而言都是一個指標性事件。

——@蔣耶妻，資深知識付費產品經理，上海（八〇後）

我居住在舊金山，曾經對於國內社群經營一竅不通，是貓叔大幅縮短了我的學習路徑，從零開始教會了我社群經營的精髓，協助我打造了許多口碑爆棚的高水準女性成長社群。在沒有花錢投廣告的情況下，我創業四個月，就有了人民幣百萬收入。

——@一稼，暢銷書作者、哈佛MBA，舊金山（八〇後）

我印象中的貓叔極度擅長創建「能量場」，讓想法相近的人身處其中，彼此激勵，持續進步。

加入貓叔的社群後，我的人生也像開了外掛。從一個職業寫作者，迅速轉變身分，開辦自己的訓練營，布局自媒體內容行銷。短短半年，便賺到百萬人民幣。

——@焱公子，爆款內容行銷顧問，昆明（八〇後）

貓叔說：「很多時候不是你不能，而是你不知道。」因為讀貓叔的文字，加入貓叔的社群，我從一個身處人生低谷不知未來要何去何從的待業女青年，逐步成長為社群首席營運長、團隊聯席CEO，和上千人一起「見識、行動、改變」。

——@奕晴，社群營運長，上海（九〇後）

跟貓叔學習後，我有三點改變：

1. 認知的改變：認知得到快速提升。
2. 社交圈的改變：認識了很多高手，我們互相學習，互相幫助，共同成長。
3. 創業的改變：從線下順利轉到線上，實現年入百萬人民幣。

——@梁明月，國際註冊營養師，西安（八〇後）

感謝貓叔兩年來的指導，讓我從一個普通上班族晉級為創業公司老闆，開始學著管人，學著管錢。我開辦的寫作訓練營，付費客戶累計有一千三百多人；我簽了兩本書；

全網粉絲成長數十萬；我的收入獲得了二十倍成長。

——@水清亦有魚，文案高手，揚州（九〇後）

這一年頂得上我過去的十年，而這一切的一切都源於貓叔的帶領和指導。

截至目前，我做到了：

1. 開辦九期學習訓練營；
2. 主辦了八千人次參與的線上社群；
3. 參加了四次「極致踐行者大會」並登台演講；
4. 成為「有講」影響力排行榜冠軍。

——@班班，演講達人，深圳（八〇後）

遇到貓叔後，我的人生發生了翻天覆地的變化。我採訪了近兩百人，見識了近兩百種不一樣的活法，也因此影響了很多「剽悍江湖」的社群成員。截至目前，我已經出了兩本書，真正實現了用夢想養活自己。

——@朵娘，資深寫作者、採訪人，深圳（八〇後）

在貓叔的直接指導下，我開辦了自己的讀書會，在差不多一個月的時間裡，我賺到了人民幣五十萬。

——@李賽男，主持人、講書人，深圳（八〇後）

貓叔是一位非常有商業智慧的教練。在他的指導和助攻下，我開了一場收費上萬的線下閉門會，來的上百人裡，大部分都是各個行業的佼佼者。這次閉門會的客戶滿意度非常高，成為了我們公司重要的里程碑。

——@鄰三月，知名社群創始人，上海（八〇後）

有關終極

甘為人梯，
近我者富

掃描條碼關注微信官方帳號，
輸入中文簡體字「**终极**」，獲取神祕錦囊

【實踐筆記】

【實踐筆記】

後記

持續為自己升級

終於寫到這裡了。

最後的最後，我想和你分享我經常對自己說的十二句話：

1. 你是做大事的人。
2. 你的時間就是你的命。
3. 絕不忍受低品質的社交，想盡辦法多與高手對談。
4. 遇到好書，至少讀十遍。
5. 普普通通做人，轟轟烈烈做事。

6. 遠離鮮花和掌聲，但你要多送花，多鼓掌。
7. 重要的不是有多少人關注你，而是有多少人了解你、信任你、需要你。
8. 利他是最好的利己，幫別人賺到，你也會賺到。
9. 真正的成功，是找到自己想要的活法，並有能力去捍衛它。
10. 被重視、被鼓勵、被誇獎、被理解、被支持、被需要，是你希望得到的，也是別人希望得到的。
11. 徹底實踐，自然能脫穎而出。
12. 讓自己變得更好，是解決一切問題的關鍵。

共勉。

掃描條碼關注微信官方帳號「剽悍一隻貓」。

輸入中文簡體字「一万」即可獲得全書精華PPT（花費五萬元請高手特別製作）

輸入中文簡體字「书单」即可獲得我的個人升級必讀書單

輸入中文簡體字「破局」即可獲得我的電子書《千里挑一：身價十倍成長法則》

【實踐筆記】

感謝所有信任和支持我的人，
有你們真好

翻轉學 翻轉學系列 048

一年頂十年

在驟變的時代，用正確的策略，讓自己的成長速度比過去快十倍

作　　者　剽悍一隻貓
總 編 輯　何玉美
主　　編　林俊安
責任編輯　袁于善
封面設計　張天薪
內文排版　黃雅芬

出版發行　采實文化事業股份有限公司
行銷企劃　陳佩宜・黃于庭・馮羿勳・蔡雨庭・陳豫萱
業務發行　張世明・林踏欣・林坤蓉・王貞玉・張惠屏
國際版權　王俐雯・林冠妤
印務採購　曾玉霞
會計行政　王雅蕙・李韶婉・簡佩鈺
法律顧問　第一國際法律事務所　余淑杏律師
電子信箱　acme@acmebook.com.tw
采實官網　www.acmebook.com.tw
采實臉書　www.facebook.com/acmebook01

I S B N　978-986-507-237-7
定　　價　350 元
初版一刷　2021 年 1 月
劃撥帳號　50148859
劃撥戶名　采實文化事業股份有限公司
104 台北市中山區南京東路二段 95 號 9 樓
電話：(02)2511-9798　傳真：(02)2571-3298

國家圖書館出版品預行編目

一年頂十年：在驟變的時代，用正確的策略，讓自己的成長速度比過去快十倍 / 剽悍一隻貓著 . – 台北市：采實文化，2021.1
288 面；14.8×21 公分 . --（翻轉學系列；48）
ISBN 978-986-507-237-7（平裝）
1. 成功法 2. 自我實現
177.2　　109018090